Brigitte Laloupe



# POURQUOI LES FEMMES GAGNENT-ELLES MOINS QUE LES HOMMES ?

## Les mécanismes psychosociaux du plafond de verre

PEARSON

Mise en pages : Compo-Méca



ISBN : 978-2-7440-6494-4

# POURQUOI LES FEMMES GAGNENT-ELLES MOINS QUE LES HOMMES ?

# Sommaire

## Troisième partie
## Les femmes actrices de leur propre changement

# Préface

Quoi ? Les retraites des femmes sont plus faibles que celles des hommes ? Nos gouvernants ont fait mine de le découvrir lors de la réforme de 2010. Depuis des années les femmes criaient dans le désert. Mais à l'occasion des manifestations contre la réforme cette injustice est apparue… Et, d'un revers de main, les concepteurs de la nouvelle loi ont évacué le problème. Si les retraites des femmes sont plus faibles, c'est parce que leurs salaires sont plus faibles. Main sur le cœur, ils se sont indignés et ont sommé les employeurs d'y remédier par une petite phrase, pas bien méchante, insérée à l'article 99. Circulez…

Pas si simple ! S'il suffisait de claquer des doigts ou de voter des lois pour que l'égalité salariale entre hommes et femmes advienne, cela se saurait. La dévalorisation des femmes et de leur travail est si profondément ancrée dans notre culture qu'il ne suffira jamais d'un simple texte ajouté au Code du travail pour en venir à bout. Brigitte Laloupe le démontre de façon implacable dans cet essai, avec la précision d'une scientifique. En commençant par dresser la liste des lois aussi bien rédigées qu'inefficaces. Inefficaces parce que l'inertie des mentalités est telle que personne ne va se battre pour les faire appliquer. Les syndicats ? Ils estiment le plus souvent avoir bien d'autres priorités. Les femmes elles-mêmes ? Les rares qui s'y risquent le font seulement quand elles n'ont plus rien à perdre. Licenciées pour de mauvaises raisons, elles réclament un rattrapage de salaire qu'elles obtiennent le plus souvent au terme de très longues, fatigantes et coûteuses procédures. Insuffisant pour en finir avec les discriminations.

Lorsque la Halde, Haute autorité de lutte contre les discriminations et pour l'égalité existait (elle a disparu et ses attributions ont été confiées à un « défenseur des droits »), les femmes n'étaient pas les premières plaignantes. Pourtant elles avaient matière à déposer des recours. Entre 10 et 27 % (selon les modes de calcul) d'écarts de salaire entre hommes et femmes, la moitié de la population concernée... cela fait beaucoup. Et pourtant, parmi les recours enregistrés par la Halde, les discriminations en raison du sexe ne représentaient que 6 % des cas, et encore, la moitié d'entre eux venaient d'hommes s'estimant lésés dans certains calculs de retraite. La norme d'infériorisation des femmes est solidement ancrée dans les esprits.

Cette norme est aussi présente que l'air qu'on respire et se glisse dans tous les interstices de notre vie. Un bébé garçon est volontiers jugé « costaud » et une petite fille « jolie », leurs cris ne sont pas interprétés de la même façon. Les municipalités dégagent des milliers d'euros pour les stades de foot ou de rugby mais rien pour les sports pratiqués par les filles. Dans les manuels scolaires l'homme qui a un attaché-case est chef, la femme une secrétaire. Un homme qui passe dix minutes par jour avec son enfant restera considéré comme un bon père tandis qu'une femme faisant la même chose passera pour une mauvaise mère. Pour un homme, la réussite c'est la réussite professionnelle tout court, pour une femme, c'est avoir un bon mari, de beaux enfants, une belle maison et éventuellement une carrière. Tout concourt à dire qu'une « vraie » femme doit être belle, serviable, futile et plutôt passive tandis qu'un homme doit penser à sa carrière... Ces petits riens s'accumulent au fil du temps. En embuscade dans notre inconscient, ils guettent chaque écart à la norme et nous remettent dans le droit chemin. Dans ces conditions, comment une femme peut-elle se sentir légitime et être perçue comme telle pour revendiquer la plus haute marche du podium dans son entreprise, voire simplement un salaire égal à celui d'un homme ? Il faut faire un travail sur soi et – plus difficile – sur les stéréotypes.

Car les stéréotypes guident nos croyances et nos comportements et chacun est prié de s'y conformer. Et en s'y conformant les confirme. Les médias sont un redoutable accélérateur de stéréotypes. Dans vos journaux et postes de télévision ou radio, les hommes parlent d'économie, de politique, de sport, bref de sujets sérieux ; ils sont cités avec leur nom et leur fonction... Tandis que les femmes sont sollicitées en tant que témoin anonyme pour les sujets sur les courses de rentrée scolaire, par exemple. Elles ont le plus souvent une fonction décorative ou de consommatrice tandis que les hommes apparaissent comme experts ou décideurs. Et dans la publicité, c'est pire encore.

Avec Internet, une nouvelle porte s'est ouverte pour sortir de ces stéréotypes. Les femmes ont pu prendre la parole librement sans passer par un rédacteur en chef et sans dépenser des fortunes pour s'exprimer. Sous le pseudonyme d'Olympe, Brigitte Laloupe n'a pas hésité à pointer du blog les bâtisseurs zélés du plafond de verre. Nous nous adressions des clins d'œil sur la Toile lorsque j'animais le blog « Du rose dans le gris ». Bien d'autres bloggeuses ont aussi pris le clavier pour dire que les femmes ne sont pas ce que nous laissent croire les grands médias. Et Olympe a su créer une émulation au sein de ce réseau de femmes qui en ont... dans la tête. Ces différentes officines ont eu du mal à se hisser au sommet des « blogs influents » car, encore une fois, les critères de classement répondaient à des normes masculines. Dans LES NOUVELLES news, nous voulons traiter l'actualité tout en mettant en scène les femmes dans des rôles de décideuses ou d'expertes, pour justement sortir de ce cercle vicieux de stéréotypes. Ce n'est jamais facile de ramer à contre-courant mais en nous y mettant à plusieurs et en éclairant les raisons profondes des discriminations comme le fait Brigitte Laloupe dans ce livre, nous devrions y arriver.

Isabelle GERMAIN,
créatrice du site d'information LES NOUVELLES news

# Introduction

Vous avez sous les yeux la photographie officielle du Conseil européen extraordinaire, tenu à Bruxelles en mars 2011[1]. Une image parmi toutes celles que nous voyons quotidiennement, sans plus y prêter attention. Elle a pourtant de quoi susciter des interrogations : les personnes qui s'y trouvent font partie des puissants, et contribuent à façonner le monde dans lequel nous vivons. Or, n'y figurent quasiment que des hommes, d'âges assez rapprochés. Ce n'est évidemment pas dû au hasard. Faites le test : quelle que soit l'assemblée photographiée, si elle a des pouvoirs, qu'ils soient politiques, économiques ou médiatiques, la photo présentera les mêmes caractéristiques : les femmes y seront très minoritaires, voire quasiment absentes. La France est loin d'être exemplaire sur ce point puisque dans le classement 2010 établi par le Forum économique mondial, elle n'est, en ce qui concerne la parité en politique, qu'en 47e position sur 134 pays et au 127e rang pour ce qui est de l'égalité salariale[2].

Ce phénomène est connu sous le terme de « plafond de verre », une image très parlante conçue dans les années 1970 aux États-Unis pour désigner les barrières invisibles et artificielles dressées sur le parcours des femmes ; depuis, elle a été utilisée notamment par l'Organisation internationale du travail[3]. Le plafond de verre désigne un obstacle qui limite de façon drastique l'accès des femmes aux plus hautes responsabilités. Cet obstacle est invisible puisqu'en théorie, hommes et femmes ont les mêmes droits et les mêmes chances – du moins dans la plupart des pays occidentaux. À titre d'exemple, en France les femmes représentent[4] :

- 18,5 % des députés et 21,9 % des sénateurs ;
- 48 % des conseillers régionaux, 7,7 % des présidents de conseils régionaux, 45,5 % des vice-présidents (2010) ;
- 13,8 % des conseillers généraux, 5 % des présidents de conseils généraux (2011) ;
- 35 % des conseillers municipaux et 13,8 % des maires (2008) ;
- 29,4 % des membres du gouvernement (juillet 2011)[5] ;
- dans la fonction publique d'État, 50,8 % de l'effectif total et seulement 16,1 % des emplois de direction ;
- dans la fonction publique territoriale, 59,7 % de l'effectif total et seulement 18 % des emplois de direction.

L'observation de cette photographie nous apprend autre chose : ces hommes sont tous habillés strictement de la même façon. Une façon de marquer son appartenance à ce qui constitue une sorte de caste. D'ailleurs, si les femmes se dispensent de la cravate, elles se sentent souvent obligées de porter le tailleur, qu'il soit jupe ou pantalon, et les mêmes couleurs ternes. L'incroyable n'est peut-être pas tant dans le constat de l'appropriation du pouvoir par les hommes (vrai en tout temps et en tout lieu), mais dans le fait que cette photo n'apparaisse pas comme un scandale et ne déclenche ni rébellion ni révolution.

Pourtant, en théorie, dans une société fondée sur les mérites individuels, chacun occupe une place selon ses qualités. Mais depuis Bourdieu et Passeron[6], on sait que cette sélection s'opère aussi sur des critères sociologiques. Aujourd'hui encore, les enfants de cadres supérieurs sont 52,2 % à obtenir un diplôme supérieur au niveau bac +3, ce qui n'est le cas que de 16,8 % des enfants d'ouvriers. Et la variable « genre » est, elle aussi, très discriminante. Les femmes, bien que n'étant pas une catégorie sociale, ne bénéficient pas des mêmes chances que leurs homologues masculins. Pourtant, la plupart des hommes ne croient pas au plafond de verre[7] faute d'y être confrontés, alors que les femmes cadres le repèrent désormais, mais ont encore beaucoup de mal à le briser. D'après l'association Grandes écoles au féminin, qui avait mené en 2007 une étude sur le sujet, 65 % des femmes disent avoir constaté des différences dans les parcours professionnels alors que 62 % des hommes disent ne pas en avoir observé.

## L'ÉGALITÉ PROFESSIONNELLE

Il faut cependant reconnaître que le sujet de la parité, et plus généralement celui de l'égalité hommes-femmes, n'est pas délaissé, du moins pas en Europe ni en France. Il suscite au contraire depuis quelques années une quantité invraisemblable de directives, de lois, de colloques et de déclarations d'intentions. Le principe est même inscrit dans la Constitution (loi constitutionnelle du 23 juillet 2008) : « La loi favorise l'égal accès des femmes et des hommes aux mandats électoraux et fonctions électives, ainsi qu'aux responsabilités professionnelles et sociales. » Plus d'une dizaine de lois traitent de ce sujet. En voici une sélection, parmi les plus emblématiques :

- 1972 : une loi posait le principe d'égalité de rémunération entre les hommes et les femmes (à travail égal, salaire égal).

- 1983 : la loi Roudy invitait les entreprises à réaliser tous les ans un rapport sur la situation comparée des hommes et des femmes et à le soumettre au comité d'entreprise.
- 2001 : la loi Génisson rendait obligatoire la négociation collective sur l'égalité professionnelle dans l'entreprise et prévoyait des sanctions pénales en cas de non-respect de cette loi.
- 2006 : la loi Ameline avait pour but de supprimer à l'échéance 2010 les écarts de rémunération entre hommes et femmes, de réconcilier vie professionnelle et vie familiale et de favoriser l'accès des femmes aux instances délibératives de l'entreprise.
- 2010 : une mesure est insérée dans la loi portant réforme des retraites : les entreprises de plus de 50 salariés qui au 1er janvier 2012 ne seront pas couvertes par un accord ou un plan d'action relatif à l'égalité professionnelle seront sanctionnées[8].
- 2011 : une loi prévoit que, dans les grandes entreprises, la proportion des membres des conseils d'administration ou de surveillance de chaque sexe ne devra pas être inférieure à 40 % dès le deuxième renouvellement du conseil, à compter de la promulgation de la loi et au plus tard dans un délai de six ans.

Il est frappant de constater que ces obligations sont rarement assorties de sanctions et, quand elles le sont, comme c'était le cas de la loi de 2001, aucune n'est appliquée.

## LA PARITÉ EN POLITIQUE

La première loi sur la parité date de 2000. Elle contraint les partis politiques à présenter un nombre égal d'hommes et de femmes lors des scrutins de liste et prévoit une retenue sur la dotation financière des partis qui ne respectent pas le principe de parité lors de la désignation des candidats pour les élections législatives. La loi de 2003 réforme à son tour les modes de scrutin des élections régionales et européennes et exige l'alternance stricte entre hommes et femmes.

La loi de 2007 impose cette alternance stricte dans la composition des listes électorales municipales des communes de 3 500 habitants et plus ; elle introduit une obligation de parité dans les exécutifs régionaux et municipaux. Elle augmente la pénalité financière encourue par les partis qui ne respectent pas la parité des investitures lors des élections législatives et instaure, pour les candidats aux élections cantonales, l'obligation que le suppléant soit du sexe opposé. La loi du 26 février 2008 étend le remplacement automatique dans le cas où le poste deviendrait vacant après la démission du conseiller ou de la conseillère générale pour cause de cumul de mandats.

Les partis politiques préfèrent désormais payer des pénalités plutôt que mettre en œuvre la parité[9]. On notera également que la loi se trouve dans la nécessité d'être de plus en plus explicite. Lorsqu'il n'était pas précisé que les listes devaient respecter l'alternance stricte, les femmes se retrouvaient après les hommes qui, eux, briguaient les postes de l'exécutif.

## UNE DYNAMIQUE EUROPÉENNE

L'égalité hommes-femmes fait partie des principes fondateurs de l'Union européenne[10] et est devenue, au fil des différentes révisions du traité, un axe majeur de l'action de la Communauté. Le traité de Rome (1957) affirmait déjà, même si c'était davantage pour éviter le *dumping* social, l'égalité de salaire entre les hommes et les femmes pour un travail égal. Ce ne sont pas moins de quatorze directives qui ont ensuite été édictées, la plupart concernant l'égalité de traitement dans l'emploi et, depuis 2000, l'Agenda social européen énonce « l'égalité entre les hommes et les femmes » comme priorité pour l'ensemble des acteurs de la politique sociale.

La Haute autorité de lutte contre les discriminations et pour l'égalité[11] (Halde) a ainsi été créée en 2004, en conformité avec des directives (2002 et 2004) qui ont institué une obligation pour les États membres de fonder un organisme indépendant chargé d'apporter une aide aux victimes de discrimination. La Commission européenne a pour sa part élaboré une « Stratégie pour l'égalité entre les femmes et les hommes » (2010-2015). Il s'agit de contribuer à améliorer la place des femmes sur le marché de l'emploi, dans la société et aux postes de décision et ce, dans l'Union européenne comme à travers le monde. Cette stratégie fait suite à une précédente « Feuille de route pour l'égalité » (2006-2010). Pourtant, on a pu constater lors du renouvellement de la Commission en 2009 qu'elle avait bien du mal à appliquer ces grands principes en son propre sein. En effet, il a fallu que le président de cette Commission (l'une des instances essentielles de l'UE), José Manuel Durão Barroso, lance un appel aux gouvernements des pays membres pour que cette instance compte neuf femmes sur vingt-sept membres ! Parmi les vingt premiers pays ayant désigné leur commissaire, seuls trois avaient choisi une femme[12].

Comment une volonté politique si souvent et si clairement affirmée peut-elle aboutir à une évolution aussi lente et aussi partielle ? Évidemment, il ne suffit pas de décréter l'égalité pour qu'elle se réalise ; mais pour un sujet qui paraît aussi consensuel que celui-ci, les résistances observées doivent amener à s'interroger sur le comportement des acteurs, et des actrices. La photographie qui nous permet d'étayer notre propos n'est en effet que la résultante d'une somme d'histoires : celles des individus qui y figurent, comme celles de ceux ou celles qui pourraient s'y trouver, mais qui n'y sont pas.

On sait désormais que le plafond de verre n'est pas un obstacle qui se dresse soudainement à l'approche du sommet des hiérarchies. Le filtrage s'opère dès les premières marches et, au fur et à mesure que l'on grimpe les échelons, les femmes sont de moins en moins nombreuses, comme l'illustre la figure 1.1., issue d'une étude sur les parcours des cadres de la fonction publique territoriale[13]. Les auteurs parlent d'ailleurs de « plafonds de verre » au pluriel.

Il est donc utile de chercher ce qui s'est passé avant, bien avant, dans la façon dont la société a facilité le parcours des individus et des groupes… ou dans la façon dont elle a au contraire dressé des

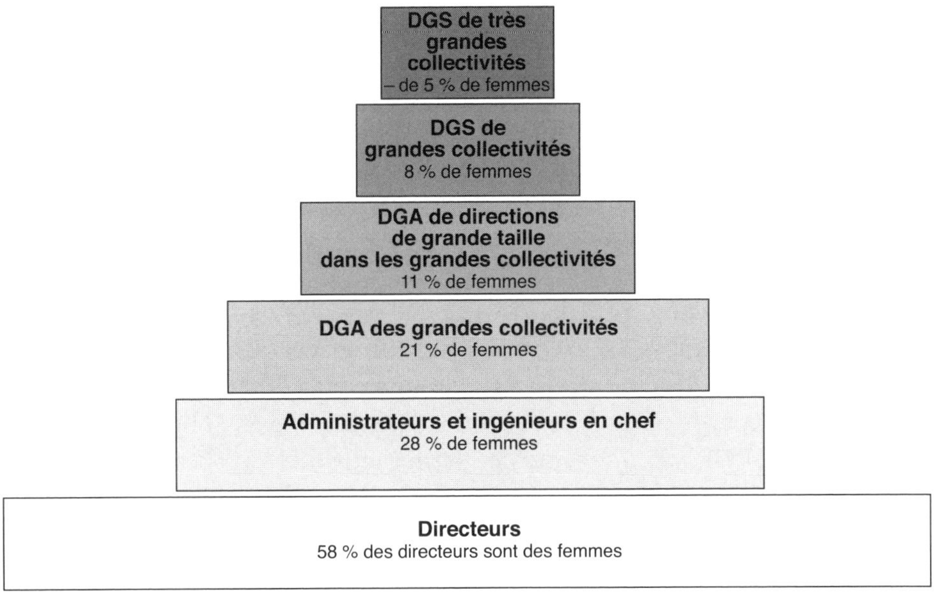


Source : enquête de la promotion Aimé Césaire pour les emplois fonctionnels fin 2009 et données de l'Observatoire de la fonction publique territoriale pour les effectifs d'administrateurs, d'ingénieurs en chef et de directeurs fin 2006.
Note : le pourcentage relatif aux directeurs concerne toutes les collectivités territoriales françaises quelle que soit leur taille.

**Figure 1.1 La pyramide des plafonds de verre dans les collectivités territoriales françaises**

obstacles sur leur chemin ; il est aussi utile de se pencher sur les jeux des acteurs et de décrypter en quoi ils participent à la reproduction des inégalités. Des mécanismes culturels, sociologiques et psychologiques très puissants sont en jeu, manifestement plus puissants que des lois. La difficulté réside dans le fait que ces mécanismes sont multiples, profonds et d'une complexité extrême puisque des facteurs biologiques, psychologiques et sociaux s'entrecroisent et interagissent. Les mécanismes le plus souvent évoqués sont ceux qui sont quantifiables, ou du moins observables. Ainsi :

- Les congés de maternité et parentaux pénalisent les femmes entre 25 et 35 ans, période de la vie où les carrières prennent des tournants déterminants.

- Cette pénalisation intervient dès le début de la vie professionnelle, avant même la naissance des enfants car les employeurs se montrent réticents à l'embauche de potentielles mères[14].
- Ces arrêts s'ajoutent à un moindre investissement des femmes qui privilégient, bien davantage que leur conjoint, leur vie familiale. Non seulement elles assument l'essentiel des tâches domestiques, mais elles veillent également à rester suffisamment disponibles pour leurs enfants.
- Les couples qui se trouvent confrontés à la difficulté de mener deux carrières parallèles finissent par en privilégier une, notamment lorsque des mobilités géographiques sont nécessaires. Logiquement, le choix est effectué en faveur de la carrière de celui qui peut, à terme, espérer obtenir les revenus les plus élevés : l'homme.
- En 2007, 31 % des femmes et seulement 6 % des hommes occupaient un emploi à temps partiel[15]. Mais si les femmes font plus souvent ce choix que les hommes, afin de réserver du temps pour les enfants, le temps partiel leur est dans la majorité des cas imposé par l'employeur.
- Les jeunes filles préfèrent, au grand dam des pouvoirs publics, s'orienter vers des études qui les mèneront à des métiers et des filières moins prestigieuses. Elles restent notamment très minoritaires dans la plupart des filières scientifiques.

Ces observations pourraient nous mener à croire que la moindre progression des femmes serait due à des choix personnels, alors qu'il s'agit en réalité d'une adaptation à l'organisation globale de la société. Et ces phénomènes ne sont que la face visible d'une réalité bien plus complexe. Car si les femmes qui ont arrêté de travailler pour élever leurs enfants ont ensuite, entre 40 et 50 ans, des salaires inférieurs de 23 % à celles qui n'ont pas interrompu leur activité, ces dernières sont tout de même pénalisées. À parcours professionnel semblable, elles gagnent 17 % de moins que leurs collègues masculins[16], alors qu'elles ont souvent plus de diplômes. La principale différence réside dans la trajectoire professionnelle. Les femmes cadres sans enfants, et même celles avec enfants qui peuvent se permettre de faire des déplacements et de travailler de longues journées – quand elles ont les moyens financiers d'avoir une aide à domicile –, se heurtent également au plafond de verre. En étudiant attentivement les différences de salaires qui sont de l'ordre de 27 % (chiffres de 2006), la DARES relève quatre points majeurs[17] :

- Une partie de l'écart est due au temps partiel, beaucoup plus fréquent chez les femmes (31 %) que chez les hommes (7 %). La différence de salaire pour les seuls salariés à temps complet est de 19 %.
- Une autre partie de cet écart provient des heures supplémentaires mieux rémunérées et plus souvent effectuées par les hommes, mais aussi de diverses primes (astreintes, pénibilité, risques, performance…). Quand les femmes ont droit à ces primes, leur montant est inférieur de 37 % aux primes des hommes.
- Les femmes ne tirent pas les mêmes bénéfices de leurs diplômes, notamment parce qu'elles s'orientent vers des filières moins rémunératrices. L'écart salarial est ainsi plus important parmi les plus diplômés.
- Les femmes sont moins nombreuses aux postes à responsabilité les mieux payés.

Et même si l'on tient compte du niveau de diplôme, de l'ancienneté, de l'expérience professionnelle, du type de contrat de travail, du temps partiel, du secteur d'activité et de la taille de l'entreprise, il reste une différence de dix points inexpliquée. Selon la DARES, cela pourrait correspondre à des « effets individuels » difficiles à mesurer dans le cadre d'une enquête (caractéristiques précises du poste, spécialité du diplôme…), mais aussi à des pratiques ou des processus « inégalitaires ou discriminatoires qui jouent en défaveur des femmes à divers moments de la carrière, voire en amont de la vie professionnelle ».

Il s'agit donc d'explorer cette part que les chiffres ne suffisent pas à expliquer ; de détailler comment, individuellement ou collectivement, nous sommes pris dans une mécanique inconsciente qui façonne notre comportement ; de prendre conscience de la façon dont, inlassablement et quelquefois à notre corps défendant, nous reproduisons les mêmes schémas ; enfin, de donner aux hommes et aux femmes quelques pistes pour apprendre à faire autrement. Il ne s'agit pas, avec une telle démarche, de récuser les différences individuelles ni les différences hommes-femmes, reproche auquel sont très souvent exposés celles et ceux qui cherchent comment instaurer davantage d'égalité. Les hommes et les femmes sont biologiquement différents parce que notre mode de reproduction est sexué – mais cela ne saurait rendre acceptable la domination d'un sexe par l'autre.

Or, les humains sont au moins autant façonnés par la société dans laquelle ils vivent que par leur biologie. En l'occurrence, si des corrélations sont observées entre des taux hormonaux et des comportements, la relation de cause à effet ne va pas nécessairement dans le sens biologie → comportement. On sait par exemple que, contrairement à une idée couramment admise, ce n'est pas la testostérone qui permet à un joueur de tennis de l'emporter. En effet, d'après Catherine Vidal[18], on observe chez les joueurs de tennis qui viennent de gagner un match un taux élevé de testostérone, mais pas chez les perdants. Ce serait donc la victoire qui générerait cette hormone plutôt que l'inverse. Quoi qu'il en soit, les récepteurs hormonaux du cortex sont plus rares chez les humains que chez les primates, ce qui nous permet d'être moins dépendants des hormones. Les effets les plus importants sont observés lors de bouleversements majeurs (grossesse, ménopause, maladie…[19]).

Nous adopterons ainsi le point de vue de Pierre Bourdieu :

> « *Loin que les nécessités de la reproduction biologique déterminent l'organisation symbolique de la division sexuelle du travail et, de proche en proche, de tout l'ordre naturel et social, c'est une construction arbitraire du biologique, et en particulier du corps masculin et féminin, de ses usages et de ses fonctions, notamment dans la reproduction biologique, qui nous donne un fondement en apparence naturel à la vision androcentrique de la division du travail sexuel et de*

*la division sexuelle du travail et, par là, de tout le cosmos. La force particulière de la sociodicée masculine lui vient de ce qu'elle cumule et condense deux opérations ; elle légitime une relation de domination en l'inscrivant dans une nature biologique qui est elle-même une construction sociale naturalisée*[20]. »

Autrement dit, les différences qui nous paraissent si évidentes entre les hommes et les femmes sont d'abord une construction sociale qui justifie l'organisation de la société.

La seule observation des comportements sociaux suffit largement à expliquer les mécanismes du plafond de verre. Il sera ensuite toujours possible d'étudier ce qui est expliqué par la biologie.

Dans une première partie, nous verrons comment les stéréotypes sont construits et pérennisés de façon souvent inconsciente – par les attentes des adultes envers les enfants, par tout notre environnement culturel et médiatique – et, à travers quelques exemples, comment ils s'auto-entretiennent. La deuxième partie s'attachera à décrypter les difficultés auxquelles se heurtent les femmes qui souhaitent gagner du pouvoir alors que celui-ci est associé au masculin et à des caractéristiques masculines. Enfin, la troisième partie incitera les femmes à prendre conscience de leurs propres comportements et des changements qu'elles peuvent opérer elles-mêmes.

Bien entendu, toutes les études et observations de ce livre sont fondées sur des éléments statistiques et généraux. Lorsque l'on évoque les « hommes » et les « femmes », il s'agit de décrire des tendances qui ont pu être observées le plus souvent ou chez le plus grand nombre. Les individus ne se comportent évidemment pas tous, ni tout le temps, d'une façon uniforme.

Première partie

# La perpétuelle reproduction des stéréotypes

Un certain John Gray[1] a fait fortune en vendant des livres expliquant que « les hommes viennent de Mars et les femmes de Vénus » et décodant le fonctionnement de chacun des deux sexes. Il est vrai que notre expérience quotidienne nous prouve que les hommes et les femmes « ne sont pas pareils ». On sait pourtant qu'il n'y a pas de grandes différences entre les cerveaux masculin et féminin et que rien ne valide le fait que certains soient bons en maths ou que les autres développent de meilleures compétences en communication. Des neurologues nous disent que « sur plus d'un millier d'études en IRM, seules quelques dizaines ont montré des différences entre les sexes, guère plus marquées que celles qui séparent le cerveau d'un violoniste et celui d'un matheux, ou le cerveau d'un athlète et celui d'un champion d'échecs[2] ». Ce fait est assez peu médiatisé : les journaux préfèrent en effet faire leurs titres avec des articles expliquant que les chercheurs trouvent de réelles différences entre les femmes et les hommes.

John Gray présente pourtant les comportements des uns et des autres comme étant inhérents à leur nature : depuis la préhistoire, les hommes partent à la chasse et les femmes restent près du feu. Les uns préfèrent se taire et ne pas s'appesantir sur leurs émotions alors que les autres ont besoin de les partager. Or, un autre élément, bien plus prégnant, est à prendre en compte : l'influence qu'exerce le groupe sur les personnes pour qu'elles se conforment à ce qui apparaît comme la norme. Cette norme peut être clairement édictée et l'invitation à s'y conformer ouvertement formulée. Mais la plupart du temps, la norme est implicite et les injonctions prennent des formes subtiles :

- punition ou valorisation de certains comportements ;

- exemple donné par l'entourage et notamment les personnes référentes : les parents ou l'instituteur pour les enfants, des amis, des personnalités politiques ou des notables pour les adultes.

Et comme nous sommes dans le domaine de la complexité, il peut être très difficile de démêler l'écheveau de ces influences.

Prenons l'exemple de la taille et de la force. Les hommes sont, en moyenne, plus grands et plus forts que les femmes. C'est une donnée universelle qui semble purement biologique, pourtant elle est discutée par les anthropologues[3]. Habituellement, les mâles sont plus grands et plus forts que les femelles chez les espèces où ils doivent combattre des concurrents avant de pouvoir s'accoupler. Ce qui n'est pas le cas chez les humains du 21e siècle. Alors pourquoi les femmes sont-elles plus petites ? Nous savons en outre que la taille est proportionnelle à la largeur du bassin et que la mortalité en couches est moindre chez les femmes plus grandes. La sélection aurait donc dû se faire en faveur des femmes de grande taille. Il n'y a pas de réponse, mais les anthropologues proposent des hypothèses :

- les hommes préfèrent choisir des femmes plus petites pour mieux les contrôler ;
- dans toutes les sociétés de pénurie (les sociétés d'abondance étant récentes et loin d'être généralisées), les hommes ont toujours limité la nourriture des femmes, et celles qui grandissent dans un contexte de pénurie importante ont été sélectionnées pour se suffire de ressources moindres.

Quoi qu'il en soit, à travers cet exemple, nous touchons du doigt le fait que biologie et fait social sont étroitement imbriqués et qu'il est illusoire de chercher à les séparer.

Un autre point de vue fait florès, celui de la psychologie évolutionniste[4] selon laquelle toute vie cherche sa reproduction : monsieur doit déverser sa semence en un maximum d'endroits alors que madame a tout intérêt à sélectionner non seulement les meilleurs spermatozoïdes, mais également un père qui l'aidera à assurer sa survie et celle de son enfant durant ces périodes de vulnérabilité que sont la grossesse et le portage d'un petit enfant. Pour lui, le coût de l'acte sexuel est quasi nul (quelques minutes) alors qu'elle s'engage, en cas de fécondation, pour plusieurs années. Cela expliquerait, entre autres, que les femmes soient sensibles aux charmes de messieurs plus âgés, bien installés dans la vie et plus à même de subvenir à leurs besoins, alors qu'eux frétillent à la vue d'une jeunesse aux hanches larges, signe de fécondité[5]. Cela est possible en effet, mais est loin d'expliquer pourquoi les petites filles doivent être habillées en rose et les garçons en bleu. De plus, ce type de raisonnement présente le danger, comme l'avait bien vu P. Bourdieu, de justifier, sous couvert d'évolution biologique ou génétique, des relations sociales inégalitaires. Certains, poussant ces théories évolutionnistes à l'extrême, vont même jusqu'à démontrer que le viol est une adaptation naturelle des hommes face à une pénurie de femmes, notamment pour ceux qui seraient trop laids, et que les femmes, pour se préserver d'une fécondation par des mâles ne leur convenant pas, deviennent plus méfiantes et plus aptes à se défendre en période d'ovulation. Si l'on pousse le raisonnement jusqu'au bout, le viol conjugal serait plus fréquent lorsque la femme est infidèle, car le mari chercherait à supplanter la semence d'un autre.

De telles analyses décrivent peut-être une réalité, mais alors une réalité éminemment archaïque. À l'heure où les femmes ont réussi à obtenir la possibilité de maîtriser leur fécondité, les viols restent malheureusement fréquents (il y aurait chaque année en France 75 000 viols, dont un sur dix seulement donnerait lieu à une plainte), et si l'on veut obtenir une action politique pertinente, il sera plus utile de rechercher en quoi les violeurs se sentent « autorisés » à passer à l'acte. Le seul argument de la pulsion irrépressible est inopérant, car les viols ne se produisent généralement pas dans un lieu dangereux pour le délinquant : il attend que sa victime soit isolée et fait le nécessaire pour ne pas être retrouvé ensuite.

Si les secrétaires espèrent encore épouser leur patron comme dans les romans Harlequin (dont il s'est vendu 125 millions d'exemplaires dans le monde en 2010), nous pouvons penser que cela tient davantage aux stéréotypes sociaux qu'à leur ADN. C'est aussi conforme à une réalité : les secrétaires masculins sont encore plus rares que les patronnes.

Quelles sont donc les normes qu'intègrent les hommes et les femmes concernant leur genre ?

# 1

# Les attentes vis-à-vis des enfants

En 1949, Simone de Beauvoir[6] avait brillamment, et courageusement, montré « qu'on ne naît pas femme, on le devient », la réciproque étant tout aussi vraie pour les hommes. Depuis, la situation des femmes a changé mais le regard porté sur les unes et les autres reste différent et nous passons notre vie à essayer, avec plus ou moins de réussite, de nous y conformer.

On commence d'ailleurs à accepter la spécificité de certains enfants dont le sexe n'est pas parfaitement déterminé à la naissance : leurs organes génitaux n'étant pas conformes aux standards habituels, il est difficile, voire impossible de les définir comme mâles ou comme femelles[7]. On n'hésitait pas jusqu'à récemment à opérer pour leur reconstruire un sexe « normal ». Parents et médecins étaient en effet persuadés qu'il était indispensable pour leur bonheur futur de se voir assigner un sexe le plus tôt possible. Mais celui qui leur était attribué n'était pas forcément celui dans lequel ils se reconnaîtraient ultérieurement. Aujourd'hui et de plus en plus, ces personnes revendiquent la possibilité d'un non-genre, ou d'un autre genre[8].

Le genre apparaît comme une caractéristique essentielle de notre personnalité, alors même que, jusqu'à la puberté, la seule différence anatomique entre filles et garçons n'est pas visible en société et que les performances physiques sont assez similaires. La presse a évoqué quelques parents un peu marginaux (en Suède et au Canada) qui refusent d'indiquer le sexe de leur enfant. Seules les personnes ayant eu l'occasion de changer la couche du bébé sont au courant. Nul ne sait combien de temps ils pourront persévérer ni ce qu'il adviendra de leurs enfants, mais le fait est que leur entourage n'a pas deviné avec certitude le sexe des bébés, les plus âgés ayant aujourd'hui plus de 2 ans[9].

Concernant les différences de comportement observées entre genres, certaines études ont permis d'observer chez les jeunes chimpanzés des différences précoces dans leurs centres d'intérêt. En parallèle, d'autres études ont remarqué que les bébés garçons regardaient plus longtemps les petites voitures (un héritage de nos ancêtres préhistoriques d'après les chercheurs !), alors que les bébés filles regardaient davantage les visages[10]. Une expérience menée avec des bébés âgés d'un jour seulement abonde dans le même sens : si on leur présente des mobiles figurant soit un visage, soit une caricature de visage, on constate que le regard des filles s'attarde davantage sur le visage, tandis que celui des garçons se porte sur la caricature[11]. Mais de telles études sont encore discutées. D'une part, elles sont menées sur de petits nombres de sujets (quelques dizaines en général), d'autre part, les différences mesurées sont infimes par rapport à la complexité de l'être humain.

Les neurobiologistes s'accordent pour dire qu'il existe des différences : ainsi, le cerveau des garçons est légèrement plus gros, et celui des filles arrive à maturité un peu plus tôt. Mais cette différence de quelques mois peut-elle justifier des différences fondamentales quand on sait que la plasticité du cerveau est fortement modifiée par les expériences de la personne ?

Il faut savoir également que si les concentrations en hormones sexuelles sont importantes *in utero*, elles baissent après la naissance ; les garçons ont davantage de testostérone *in utero*, ce qui explique une plus grande agitation dans leurs premiers mois ; puis de l'âge de 6 mois jusqu'à la puberté, il n'y a plus de différences entre les hormones des garçons et celles des filles[12]. Les différences devront donc être expliquées autrement que par des facteurs biologiques.

Enfin, lorsque la plupart des études sont menées, les bébés examinés ont déjà un passé social prénatal avéré puisque l'on connaît le sexe du fœtus très tôt. Il s'est donc déjà écoulé plusieurs mois au cours desquels de nombreuses interactions ont eu lieu entre l'entourage et le bébé. Les mamans qui sentent dans le ventre les coups de pieds de leur fœtus de sexe masculin évoqueront un futur footballeur, et n'envisageront probablement pas une footballeuse dans le cas d'un fœtus de sexe féminin.

Par ailleurs, les chercheurs qui veulent prouver leur théorie par des facteurs biologiques comparent l'humain au chimpanzé (le comportement de la jeune guenon serait proche de celui du bébé fille). Mais ces derniers sont aussi des êtres sociaux pour qui le comportement de l'entourage n'est pas non plus sans incidence. Pour être tout à fait convaincante, une telle expérience devrait porter sur des enfants élevés dans un milieu parfaitement neutre, qui ne porterait aucune attention à leur genre et qui aurait pour modèles des adultes interchangeables dans la plupart de leurs fonctions (la reproduction étant la seule pour laquelle ils ne le sont pas). Mais cette expérience est impossible à mener…

Elle a pourtant bien été tentée dans les premiers kibboutz israéliens, aux premières heures de l'Union soviétique et dans les communautés post-1968[13]. Les enfants étaient confiés à des crèches et éduqués à toutes les tâches, ensemble et sans spécificités. Hommes et femmes participaient aux travaux collectifs dans les champs ou à l'usine. Or, ces enfants ont ensuite adopté des comportements que l'on considère comme propres à leur sexe. Il semblerait même que les différences de comportement aient été plus marquées chez les enfants de ces communautés : les garçons se montraient plus agressifs que dans d'autres crèches et les filles cédaient davantage en cas de conflit ; vingt ans plus tard, ils ne se comportaient cependant pas différemment des autres adultes. Mais la difficulté inhérente à ces expériences réside justement dans le fait que ce sont des expériences, et qu'à moins de vivre toute sa vie complètement à l'écart du reste du monde (comme le font les Amish, par exemple), il est impossible d'en faire abstraction.

Car même si les adultes sont convaincus de donner la même éducation aux uns et aux autres, nous verrons plus loin que, de façon tout à fait inconsciente, ce n'est pas ce qu'ils font. De fait, dès qu'ils sortent de l'expérience, adultes et enfants sont confrontés à une autre réalité. Par ailleurs, si ces sociétés ont ouvert de nombreuses activités aux femmes, comme les métiers de l'industrie ou de l'armée, les activités traditionnellement féminines, notamment les tâches domestiques, n'ont pas été investies de façon semblable par les hommes. On restait loin d'un monde égalitaire.

L'examen détaillé de ce qui est communiqué aux enfants mériterait un ouvrage entier. Ici, nous en soulignerons les points importants, ceux qui auront le plus d'incidence dans leur vie sociale ultérieure et conditionneront leur attitude en situations professionnelles.

## LES PROPHÉTIES AUTORÉALISATRICES

Dès que l'échographie révèle le sexe du fœtus, les parents commencent à imaginer leur enfant. Et ce qu'ils imaginent est très différent selon qu'ils pensent à une fille ou à un garçon. Ils préparent son arrivée, et même ceux qui prennent garde à ne pas retenir systématiquement du rose pour une fille et du bleu pour un garçon n'iront vraisemblablement pas jusqu'à décorer en rose la chambre d'un garçon ou à lui acheter des robes – choix qui est évidemment culturel et surtout très récent. Encore dans les années 1910, les petits garçons portaient jusqu'à l'âge de 7-8 ans le même type de vêtements que les filles[14], et généralement du blanc. En effet, l'obtention de couleurs de tissus délicates était une opération complexe et éminemment coûteuse, alors que les vêtements blancs présentaient l'intérêt de pouvoir être mis à bouillir – donc d'être plus facilement lavés. Bref, les parents imaginent rapidement leur futur enfant jouant au football ou faisant de la danse, infirmière ou trader, conduisant une voiture ou une poussette, calme ou casse-cou, fan de jeux vidéo ou coiffant ses amies...

Cela porte un nom : ce sont des prophéties autoréalisatrices. Elles consistent ni plus ni moins à adopter des comportements conformes à l'avenir que l'on imagine, et que l'on fait ainsi devenir réalité. Les parents ont en tête de multiples stéréotypes qui leur disent à quoi leurs enfants doivent ressembler, et tout leur environnement confirme ces stéréotypes. Ainsi lorsque la marque Petit Bateau vend des bodys pour bébé dont certains portent cette inscription rose : « jolie, têtue, rigolote, douce, gourmande, coquette, amoureuse, mignonne, belle, élégante », et d'autres, cette inscription bleue : « courageux, fort, robuste, vaillant, rusé, habile, déterminé, espiègle, cool », elle ne fait rien d'autre que reproduire et donc conforter ces stéréotypes (notons que les enfants ne savent pas encore lire). Il ne fait pas de doute que la quasi-totalité des parents destineront le premier body à une petite fille et le second à un petit garçon.

Vers 2 ans, les enfants prennent conscience de l'aspect sexué des personnes de leur entourage et du leur. C'est le début d'un long parcours d'identification aux adultes du même sexe, et la mise en place de comportements visant à leur ressembler. Les enfants imitent leurs parents ou se plient à leurs désirs. Ils reçoivent de nombreux renforcements, positifs lorsque leur comportement est adapté, négatifs lorsqu'il ne l'est pas – généralement sous forme de rabrouements ou de moqueries. Aujourd'hui, si l'on accepte volontiers, et l'on encourage parfois même un petit garçon qui joue à la poupée, la plupart d'entre nous éprouveront davantage de difficultés à le laisser se déguiser en princesse pour Mardi gras. Une petite fille qui refusera de se laisser habiller comme une poupée et préférera jouer au ballon fera figure de « garçon manqué » (notons au passage que l'expression « fille manquée » n'existe pas, comme si une fille était de toute façon un être « manqué »). Les enfants sont par ailleurs soumis au matraquage publicitaire des fabricants de jouets présentant dans leurs catalogues des pages roses avec des poupées, des déguisements de princesses, des dînettes ou des kits de ménage ; tandis que les petits garçons auront droit à des outils et armes diverses, des figurines de héros intergalactiques, des voitures miniatures sur lesquelles on peut vraiment s'asseoir et des déguisements de héros. Essayer de résister à l'industrie du jouet est méritoire, mais le combat est parfaitement inégal. Les enfants ne vivent pas dans un cocon ; même si toutes sortes de jeux leur sont présentées à la maison ou dans la classe, ils seront confrontés aux jeux de leurs camarades dans la cour de récréation, au matraquage publicitaire, et verront au cinéma ou dans les livres des histoires dans lesquelles filles et garçons n'ont pas la même place.

C'est vers la fin de la deuxième année chez les filles, un peu plus tard pour les garçons, qu'apparaît une préférence pour les jeux avec des partenaires de même sexe. Et cette tendance augmente au fur et à mesure qu'ils grandissent, jusqu'au début de l'adolescence. Encore plus que les adultes, les enfants recherchent des partenaires de jeu ayant les mêmes intérêts et des conduites sociales similaires[15]. Et plus ils restent entre eux, plus leur comportement se différencie de celui de l'autre groupe. Très rapidement, ils expérimentent et développent un type de relation aux autres propre à leur genre : activités à deux ou en petits groupes pour les filles, solitaires ou en grands groupes pour les garçons, agressivité verbale chez les filles, davantage physique pour les garçons. À la maison, ils voient ce que font leurs parents. Pourtant, si on n'insistait pas sur cette différence, si on les habillait de la même façon, s'ils ne voyaient pas que les adultes n'ont pas la même destinée selon leur sexe, on pourrait envisager qu'ils vivent jusqu'à l'âge du collège sans prêter aucune attention au genre de leurs camarades. Mais là n'est peut-être pas le plus important, puisque ces différences sont bien visibles – elles sautent aux yeux dès que l'on y prête attention et, même s'il n'est pas toujours facile de s'en extraire, on peut décider de prendre du recul par rapport à elles. Le plus important est invisible et insidieux. Il réside dans les façons très différentes dont nous traitons les personnes, à commencer par les enfants, et ce, sans en avoir conscience.

Ainsi, lorsqu'on montre une image de bébé qui pleure à des adultes en leur demandant ce qui lui arrive, les interprétations sont plus fréquemment « il est en colère » lorsqu'ils pensent qu'il s'agit d'un garçon et « elle est triste » s'ils pensent que c'est une fille[16]. Sans même nous en rendre compte, nous attribuons aux bébés des motivations éminemment sexuées. Or, de cette vision des choses découleront des modes de réconfort différents de la part de l'adulte : consolation pour la petite fille, tentative de retour au calme pour le garçon ou, au contraire, encouragement à s'exprimer. Et si la petite fille est en colère, elle apprendra qu'on attend d'elle plutôt de la tristesse ; inversement, le petit garçon triste saura très vite qu'un garçon ne pleure pas.

Les parents évoqueront plus facilement leurs émotions ou celles d'autres personnes avec leurs filles qu'avec leurs garçons. Ils encourageront les garçons à pratiquer des activités physiques et à prendre des risques et ne cesseront de dire aux filles de faire attention. Il existe une étude[17] dans laquelle des mères doivent estimer à quelle inclinaison leur bébé de 11 mois peut descendre en rampant sur une planche inclinée. Les mamans de garçons ont sous-estimé d'un degré ce que leur fils pouvait réussir alors que la sous-estimation des mamans de filles est de neuf degrés. Pourtant l'observation montre ensuite qu'il n'y a aucune différence dans les capacités et les performances des bébés. En l'occurrence, seuls des préjugés amènent les parents à limiter l'activité physique de leur fille. Ils veilleront à la netteté de la tenue de leur fille et à celle de sa coiffure, mais accepteront assez facilement que leur garçon rentre crotté. Ils apprendront également aux filles à bien se tenir, et aux petits garçons à ne pas pleurer comme une fille. Il n'y a rien de plus malléable qu'un enfant qui désire plus que tout faire plaisir à ceux qui s'occupent de lui. En fait, filles et garçons se trouvent piégés dans des rôles auxquels il leur est impossible d'échapper sous peine de décevoir les adultes, ou d'être rejetés par leurs pairs. C'est à cela qu'il faudrait s'attaquer, mais le piège des prophéties autoréalisatrices est redoutable puisqu'elles sont construites à partir de stéréotypes qu'elles valident en permanence. En 1973, un best-seller d'Elena Gianini Belotti[18], *Du côté des petites filles*, faisait prendre conscience que, par son attitude, l'entourage proche des petits enfants leur assigne des rôles et des fonctions. Pourtant, il semble bien que personne n'en ait vraiment tenu compte depuis.

De façon assez récente en France, on s'intéresse à nouveau à la façon dont les adultes entrent en interaction avec les enfants, notamment à l'école puisqu'il s'agit d'un lieu de socialisation primordial. Cette démarche est plus avancée dans les pays nordiques, lesquels ont fait des observations édifiantes : animés des meilleures intentions du monde, les enseignants se comportent de façons très dissemblables et n'en ont pas conscience[19]. C'est ce qu'a mis en évidence une étude scrupuleuse, menée par une chercheuse en Suède auprès d'une structure accueillant de jeunes enfants[20]. Pendant plusieurs mois, elle a filmé les activités, observé l'accueil des enfants le matin, assisté aux repas de midi. Ses conclusions ont démontré que les adultes, sans en avoir conscience, ne réservaient pas le même traitement aux filles et aux garçons :

- ils encourageaient les garçons à prendre des risques, à sauter, à s'amuser, alors qu'ils invitaient les filles à faire attention ; ils restaient même autour d'elles, à les retenir comme si elles allaient tomber ou à les aider comme si elles n'allaient pas y arriver ;
- ils laissaient les garçons utiliser en moyenne les deux tiers du temps de parole ;
- ils acceptaient que les garçons interrompent les filles alors qu'ils demandaient aux filles d'attendre patiemment leur tour ;
- ils avaient deux registres de discours : des phrases courtes et directives pour les garçons, des discours plus longs et plus détaillés pour les filles ;
- ils demandaient aux filles de les aider pour de petites tâches (comme mettre la table) sans jamais solliciter les garçons.

En conclusion, ils attendaient des filles qu'elles soient calmes, polies et serviables, mais acceptaient que les garçons fassent du bruit et réclament haut et fort ce qu'ils voulaient. La chercheuse a également observé que les interactions entre les enfants se faisaient déjà de manière stéréotypée. Lorsqu'ils faisaient de la gymnastique ensemble, les garçons prenaient toute la place. Ils accaparaient les jeux, ils occupaient l'espace et les filles finissaient par se retrouver dans les coins. Mieux encore, et presque incroyable : lors des repas, les petites filles de 3 ou 4 ans servaient leur verre de lait ou leur assiette aux petits garçons. Au terme de ce travail, l'équipe éducative a décidé d'instaurer dans la journée des temps non mixtes pour permettre aux enfants de profiter tranquillement des jeux associés à « l'autre sexe ».

Marie Duru-Bellat[21], qui a beaucoup travaillé sur la question de la mixité, constate qu'à maints égards, les filles s'épanouissent mieux dans les matières scientifiques et les garçons dans les matières littéraires, lorsqu'ils ne subissent pas la concurrence de l'autre sexe et les *a priori* négatifs concernant leur sexe. D'autres observations corroborent l'idée que la concurrence avec les garçons inhibe les filles. Michelle Ferrand, Catherine Marry et Françoise Imbert ont montré qu'une grande majorité des filles ayant réussi l'entrée dans de grandes écoles scientifiques soit étaient des enfants uniques, soit n'avaient que des sœurs[22]. L'influence de l'entourage sur le comportement des enfants peut également prendre une autre forme, comme nous allons le voir.

## L'EFFET PYGMALION

Une expérience célèbre menée dans les années 1960 a montré comment un type particulier de prophétie autoréalisatrice pouvait influencer les résultats des élèves. Ce résultat est désormais connu sous le nom d'effet Pygmalion[23].

Les chercheurs ont fait passer des tests de QI à des élèves, en expliquant aux enseignants que ces tests devaient permettre de prédire le potentiel des élèves. Les résultats ont en réalité été attribués de façon aléatoire et 20 % des élèves ont été désignés comme « prometteurs ». Les élèves ont été testés une nouvelle fois après un semestre, une troisième fois après une année scolaire, et enfin après deux années scolaires. Non seulement les élèves présentés comme prometteurs ont obtenu des notes plus élevées, mais les plus âgés ont continué à développer l'avantage acquis, même après avoir changé d'enseignant. Les attentes des enseignants – qui pensaient que ces élèves allaient améliorer leurs performances – ont suffi pour que les élèves s'améliorent effectivement. Le même type de phénomène entre en jeu lorsque les enseignants ont des attentes différentes envers les filles ou les garçons. Il importe donc de commencer par identifier quelles sont ces attentes.

Dès l'année 2000[24], le ministère français de l'éducation nationale a engagé une réflexion sur ces questions afin d'inciter les professeurs à prendre conscience de ce qu'induisent leurs comportements. Il ne semble pas qu'il ait eu une grande audience – du moins n'en constate-t-on pas les effets. Suite à cette réflexion, un document[44] propose des pistes de travail autour de situations de la vie scolaire puisées dans la réalité quotidienne des écoles, collèges et lycées. Il suggère d'engager une réflexion à partir de petits scénarios révélateurs, construits à la suite d'un travail de recherches et d'enquêtes menées dans des établissements scolaires. Voici quelques éléments d'un tableau présenté dans cette étude :

| Stéréotypes | Effets |
|---|---|
| En mathématiques, les garçons ont souvent l'esprit plus vif. Ils sont plus créatifs et plus actifs en classe. | La dynamique de la classe est vite dominée par les garçons, qui accaparent l'attention des enseignants. Les filles s'effacent et n'osent pas s'imposer face aux garçons. Si elles sont moins mises en valeur, elles finissent par douter de leurs compétences et perdent confiance. |

| Stéréotypes | Effets |
|---|---|
| Les filles sont plus soigneuses. Elles ont le souci de bien exécuter ce qu'on leur demande. On est sûr que le travail sera bien fait. | Cela renforce la division sexuée des compétences : les garçons produisent des idées, des solutions, les filles exécutent bien les tâches qui demandent du soin et de l'attention. |
| Les filles n'y connaissent rien en mécanique. Elles risquent de faire des dégâts et de se blesser. Les garçons ne sont pas faits pour la lessive, ils ne savent pas trier les couleurs et les matières. | On conforte la division sexuée des compétences et des savoirs par un effet d'étiquetage. |
| Les filles sont moins combatives. Elles ont peur des coups. Elles tirent moins bien et moins fort que les garçons. | Le jeu va rapidement être l'affaire des garçons, les filles vont se sentir inutiles et être renforcées dans une passivité qui les détache de l'esprit collectif du jeu. |
| Les garçons sont plus remuants. Ils ont besoin de se « défoncer », de courir. Les filles sont plus calmes, elles adorent « papoter » ou jouer entre elles. | L'espace est occupé et dominé par les garçons, qui peuvent exercer librement leurs besoins d'activités physiques. |
| En mathématiques, les filles réussissent en travaillant beaucoup. Les garçons peuvent souvent mieux faire : ils n'exploitent pas toutes leurs possibilités. | On utilise souvent un double standard dans l'évaluation des filles et des garçons : on juge les filles sur leur travail, les garçons sur leurs capacités intellectuelles. Cela renforce chez les filles le sentiment qu'elles ont d'être moins bonnes en mathématiques que les garçons. Elles pensent que pour réussir en mathématiques, il faut avoir la « bosse » des maths et qu'elles ne l'ont pas. |
| On pense que les garçons travaillent souvent au-dessous de leurs possibilités. Il faut les pousser à travailler en ayant des exigences pour eux. | On conforte le garçon dans l'idée que si ses résultats sont moyens, c'est qu'il ne travaille pas assez, et la fille dans l'idée qu'elle fait tout ce qu'elle peut : on utilise ainsi un double standard dans l'évaluation des filles et des garçons. De ce fait, on n'offre pas les mêmes possibilités d'orientation ultérieures à l'un et à l'autre. |

Des recherches ultérieures[25] ont depuis mis en lumière d'autres comportements :

- Les enseignants semblent très soucieux de ne pas se laisser déborder par les garçons. Ils consacrent un peu moins de temps aux filles.
- Ils interrogent plus souvent les garçons et passent davantage de temps à leur répondre. Ils leur octroient aussi plus de temps pour apporter une réponse. Les filles sont moins encouragées et stimulées : c'est particulièrement vrai dans les matières connotées comme plus masculines, c'est-à-dire surtout les matières scientifiques.
- Les enseignants tolèrent mieux les interventions spontanées des garçons et les reprennent plus souvent, les encouragent et les critiquent davantage, alors qu'ils passent sous silence les réponses des filles.
- Les garçons reçoivent davantage de réprimandes et de critiques concernant leur conduite. Les très bons élèves masculins reçoivent plus de remarques sur le contenu de leur travail, et on leur pose des questions plus complexes.
- Les enseignants ont recours aux filles en « position scolaire haute » (les très bonnes élèves) pour rappeler les savoirs déjà appris en classe ; ils font appel aux garçons en position scolaire haute au moment où apparaît le savoir nouveau de la séance.
- La notation n'est pas neutre. Lors d'une étude, on a soumis à des enseignants les mêmes copies d'élèves de 4^e^, portant soit un prénom de fille, soit un prénom de garçon. On relève que lorsque la copie est bonne, elle obtient une meilleure note si elle porte un prénom de garçon. Pour une copie médiocre, la note est moins sévère si elle porte un prénom féminin. On constate également que les enseignants, femmes et hommes, ont le même mode de notation.
- Les enseignants attribuent la réussite des filles à leur travail et à leur conformisme (les filles « font ce qu'elles peuvent »), quand celle des garçons est associée préférentiellement à leurs capacités

intellectuelles. Les garçons sont souvent considérés comme « sous-réalisateurs » (ils ont des moyens, mais ne travaillent pas assez, ils « ne font pas tout ce qu'ils peuvent »). Plus tard, cette idée se retournera contre les femmes adultes : on considérera qu'elles ont atteint le maximum de leur potentiel, tandis que les hommes ont encore des réserves.

Au regard de ces différentes études, Marie Duru-Bellat émet l'hypothèse suivante : les filles apprennent qu'elles méritent moins l'attention des enseignants, qu'elles sont moins intéressantes et que leur réussite est moins importante. En contrepartie, l'image selon laquelle les filles seraient plus autonomes les pousse à devenir plus autonomes.

Et pourtant, aujourd'hui, les filles réussissent globalement mieux que les garçons à l'école ! En quoi ce qui semblait un avantage, et l'a été pendant des années, devient-il un inconvénient ? Depuis quelque temps, on réfléchit sur ce que l'école et l'éducation font aux garçons : après avoir longtemps comparé les filles aux garçons, les recherches s'orientent enfin sur les spécificités propres aux garçons.

En laissant croire aux garçons que leurs mauvais résultats sont dus à leur manque de travail, on leur procure une stratégie : ne pas travailler pour éviter de prouver ses capacités. Il est en effet préférable d'être considéré comme intelligent mais paresseux que l'inverse. Par ailleurs, en les sanctionnant plus souvent, on renforce les mauvais côtés de leur identité. La chercheuse Sylvie Ayral a analysé 6 000 punitions infligées à des collégiens. Résultat : plus de 83 % des punitions pour indiscipline concernent des garçons qui s'en enorgueillissent[26]. En fait, non seulement ces punitions n'atteignent pas leurs objectifs, mais elles sont contre-productives ; elles renforcent les identités de genre et la domination masculine. Les filles préfèrent les garçons qui sont sanctionnés : ils font figure de rebelles et sont confortés dans leur virilité. Les autres, trop sages, paraissent ennuyeux. Ces punitions révèlent une peur, mais cette peur des garçons et la volonté corollaire de les contrôler pourraient avoir d'autres effets, et au fond, des effets contraires à l'objectif de départ. L'auteure préconise, plutôt que la tolérance zéro, d'analyser avec les enfants et les professeurs les relations entre sexes, et la façon dont les injures sont construites – notamment, bien sûr, les injures sexistes.

Cette peur des garçons et la volonté corollaire de les contrôler pourraient avoir d'autres effets, contraires au fond à l'objectif de départ, comme le montrent les travaux d'une équipe du CNRS[27]. Celle-ci a réalisé un inventaire systématique des équipements et espaces publics de loisirs des jeunes de l'agglomération de Bordeaux en portant une attention particulière à la variable sexe. Les chercheurs ont étudié les pratiques sportives de même que culturelles, et la participation à des activités de loisirs dans les centres d'animation et maisons de quartier. Ils constatent que « l'offre de loisirs subventionnée s'adresse en moyenne à deux fois plus de garçons que de filles, toutes activités confondues » : l'argent public profite clairement davantage aux garçons. Ainsi :

- à partir de la 6$^{e}$, les filles délaissent massivement les activités de loisirs organisées par les structures locales ;
- trois fois plus d'activités habituellement non mixtes (football, skateboard…) sont proposées aux garçons ;
- les adultes ont le souci de « canaliser la violence des jeunes dans des activités positives » mais sans préciser le sexe des jeunes incriminés. Or, ces initiatives sont de toute évidence destinées aux garçons. Les chercheurs se demandent si cette prépondérance des garçons dans les espaces publics, qui valorise les conduites viriles, n'aboutirait pas à l'effet inverse de celui qui est escompté. Par ailleurs, « cette éducation différenciée des filles et des garçons à l'usage de l'espace public ne prépare-t-elle pas à l'hégémonie masculine dans la ville et le sentiment d'insécurité des femmes qui en découle » ?

À l'adolescence, au moment où la différence biologique sexuée prend tout son sens, les différences sociales sont déjà tout à fait acquises. Chacun(e) connaît les codes et sait comment se comporter.

Filles et garçons ont vécu des expériences bien différenciées, ne s'intéressent pas aux mêmes choses et ont des attentes précises vis-à-vis de l'autre sexe, lesquelles attentes sont également fonction d'un certain nombre d'images stéréotypées.

# 2

# Un monde écrit d'avance

Tout au long de leur vie, les individus baigneront dans les stéréotypes. Ceux-ci sont partout et il est impossible d'y échapper. Insidieux, parce qu'ils paraissent anodins ou semblent le simple reflet de la réalité, ils contribuent au maintien d'un certain ordre des choses. La plupart sont portés collectivement. On les retrouve souvent dans les adages tels que « femme au volant, mort au tournant ». D'autres sont exploités par des professionnels : des publicitaires en mal d'inspiration, des auteurs et des éditeurs qui reprennent toujours et encore les mêmes schémas…

Il ne s'agit pas ici de faire un tour complet de la question, mais de montrer à travers quelques exemples significatifs et documentés comment fonctionnent les stéréotypes.

## AU TRAVERS DES IMAGES

Si l'on considère que les images « sont un moyen puissant dont dispose l'être humain pour commencer à construire et ordonner son monde intérieur[28] », il importe d'examiner ce qui est vu notamment à travers la publicité et les médias, qui en sont des pourvoyeurs importants.

## La publicité

La publicité ne se limite pas à reproduire les stéréotypes, elle les utilise et joue avec pour attirer l'attention, partant du principe que les gens aiment qu'on les confirme dans leur vision du monde. Son influence sur les consommatrices et les consommateurs est évidemment réelle (sinon elle n'existerait plus), mais subit un va-et-vient permanent.

Pour le Bureau de vérification de la publicité[29] (BVP), la publicité est « le miroir de l'imaginaire de la société et non du réel ; elle ne cherche pas à créer le désir pour la femme, mais le désir des femmes et des hommes pour les produits et les marques[30] ». De son côté, Mercedes Erra, présidente de l'agence de publicité BETC-Euro RSCG[31], considère que « la publicité est souvent en avance sur le réel. Les publicitaires testent auprès des femmes la représentation qu'elles ont d'elles-mêmes. Or les femmes ne veulent plus se voir en ménagères. C'est une évolution. D'un point de vue efficacité, on ne représente donc plus dans une publicité une femme en train de faire le ménage. Alors que dans les familles, c'est toujours elles qui le font ! La publicité montre les aspirations des femmes et non la réalité de leur vie ». Quand on lui fait remarquer que la publicité montre encore des femmes qui effectuent des tâches ménagères, elle répond que c'est de moins en moins le cas. « Mais si les femmes ne se voient plus en ménagères, elles se voient toujours en mères nourricières. C'est ce qui ressort des tests que l'on réalise. Les annonceurs montrent donc encore la femme en train de faire la cuisine. Par contre, utiliser le corps de la femme pour n'importe quel produit passe mal, donc on voit cela de moins en moins. On met aussi de plus en plus en scène des papas qui s'occupent de leurs jeunes enfants, non par souci d'égalité hommes-femmes, mais parce que c'est une image que les femmes adorent. Inversement, l'image de l'*executive woman* passe mal, je ne peux donc pas demander à un annonceur de l'utiliser. »

L'Institut national d'études démographiques (Ined) constate qu'en 2009, les femmes assument encore près de 80 % des tâches domestiques en France, le déséquilibre s'accroissant à la naissance de chaque nouvel enfant. Contrairement à une idée commune, parmi les jeunes couples, huit fois sur dix, la femme s'occupe « toujours » ou « le plus souvent » du repassage, sept fois sur dix de la préparation des repas[32]. Cela tient à l'organisation sociale : les femmes travaillent plus souvent à temps partiel[33], et ce sont à 98 % elles qui prennent un congé parental[34]. Même lorsque les couples n'ont pas d'enfant et que les deux travaillent, la part de la femme dans les tâches domestiques reste prépondérante. Plusieurs facteurs se conjuguent.

Tout d'abord, l'éducation et les modèles observés dans l'enfance. Les petits garçons ont été incités à pratiquer d'autres activités par leur entourage, par les jouets qu'ils ont reçus, par leurs groupes de pairs. Les petites filles ont été encouragées à s'occuper de la maison et des bébés. Les enfants ont peut-être constaté qu'après le repas lors des réunions de famille, les hommes se réunissaient pour une activité de loisir (discuter, aller voir la nouvelle voiture de l'un d'eux, etc.), alors que les femmes se retrouvaient à la cuisine pour faire la vaisselle.

Ensuite, il s'avère que les hommes n'ont pas la charge mentale de la tenue d'un foyer. Si des amis arrivent à l'improviste dans une maison ou un appartement pas très propre ou mal rangé, personne ne pensera que l'homme est un mauvais maître de maison. En revanche, une femme se sentira responsable et pourra redouter le jugement porté sur ses capacités.

Enfin, on considère les hommes comme incompétents dans ce domaine. Combien de fois peut-on entendre qu'il est préférable de ne pas leur laisser trier le linge sous peine de voir les couleurs mélangées ? Une réputation certainement bien pratique qui permet d'échapper à des activités répétitives et peu gratifiantes.

Il est vrai que les jeunes hommes sont plus impliqués que leurs pères dans les soins apportés aux enfants. Ils les conduisent à l'école, les changent, jouent avec eux. Une évolution que la société n'a pas encore prise en compte, car ce ne sont pas des affaires d'hommes. Une enquête a montré que les jeunes pères cadres supérieurs souhaitaient pouvoir disposer de temps pour s'occuper de leurs enfants. Mais ils ont beau expliquer que cela ne signifie en rien un désintérêt pour leur travail, les demandes de temps partiel sont quasi exclues tant elles sont mal perçues ; de la même façon, refuser les horaires à rallonge et les réunions tardives est difficile à faire valoir lorsqu'on est un homme.

Comme toujours, la publicité est un bon indicateur du regard porté sur un phénomène social. À coups de clichés souvent faciles, elle nous montre :

- des corps de femmes ;
- des femmes qui préparent le petit déjeuner pour toute la famille ;
- des femmes qui se préoccupent des yoghourts ou des plats surgelés à acheter ;
- des femmes qui font la lessive (mais aujourd'hui, plus question de s'identifier à mère Denis, on a beau faire la lessive, on n'en reste pas moins svelte et soigneusement manucurée).

Les Chiennes de garde[35] ont encore beaucoup à faire tant les supports publicitaires restent inondés de seins, de fesses, de jambes, de corps dont on ne prend même pas toujours la peine de montrer la tête. Ces corps ne servent pas seulement à présenter de la lingerie : leur utilisation est incroyablement variée. Au point même que des acteurs institutionnels (villes, conseils généraux) vantent leur université ou leurs atouts touristiques en affichant de jolies silhouettes féminines.

Cela dit, la publicité a évolué avec son temps. Dans les années 1950, elle utilisait l'image de la ménagère pimpante tenant une maison brillante de propreté, et de la femme resplendissante au retour de son époux. Aujourd'hui, elle présente des femmes actives qui travaillent à l'extérieur, mais aussi à la maison, entérinant la double journée. La « ménagère de moins de 50 ans », qui nous a permis d'entendre le mot « ménagère » au féminin (le ménager n'existe pas, semble-t-il) pendant plusieurs décennies, serait sur le point d'être remplacée dans le langage des professionnels par la « *digital mum* » : mère avec enfant au foyer, qui se connecte à Internet au moins une fois par semaine. Cependant, il est frappant de constater que la plupart des gens ne voient rien à redire à une publicité qui montre une femme servant le petit déjeuner à ses enfants et son mari. Cela correspond en effet à une réalité quotidienne, sinon chez eux, du moins chez les voisins.

Dans la publicité, les images d'hommes déshabillés, sauf quand il s'agit de vendre des sous-vêtements, sont plutôt rares. Ils sont chefs d'entreprise, sportifs, conducteurs d'automobile et lorsque la publicité consent à prendre en compte les évolutions, notamment leur investissement dans les soins aux enfants, c'est avec réticence. En tant que pères, on les voit assumer leur responsabilité de chef de famille (banque, assurance), mais lorsqu'ils s'attellent à des tâches ménagères, c'est de façon distanciée.

Une étude commandée par l'Observatoire sur la responsabilité sociétale des Entreprises[36] (ORSE) a analysé des publicités mettant en scène des pères et a constaté que la relation parent-enfant assumée est loin d'y être majoritaire. Lorsqu'il va chercher ses enfants à l'école, prépare le petit déjeuner ou change une couche, le père est en costume-cravate, ce qui prouve qu'il ne fait ça « qu'en passant » et retourne ensuite à sa véritable occupation. On note également que les gestes sont réalisés avec une grande maladresse, de laquelle on peut déduire que ce n'est pas une action qu'il réalise souvent, voire qu'il est « naturellement incompétent » pour cela. Citons à titre d'exemple un spot dans lequel un père pense à toutes les charges financières qu'il doit assumer pour le bien-être de sa famille. C'est la figure du *pater familias* qui transparaît, comme s'il était le seul à prendre en charge la responsabilité du foyer. Ainsi, il ne dit pas « nous » (ma femme et moi), mais « je », en se réservant cette compétence sérieuse qu'est l'emploi de l'argent qu'il gagne. Dans cet autre spot, un homme qui va chercher sa fille à l'école arrive à l'heure après une éprouvante course contre la montre. Il est mis en scène comme un super-héros de film d'action car il vient d'accomplir un véritable exploit. Il s'agit de promouvoir un déodorant en montrant que, bien que père, cet homme n'en est tout de même pas réduit à effectuer quotidiennement les tâches habituelles des femmes.

Le sociologue Éric Macé résume ainsi les mécanismes qui sont à l'œuvre : « L'étude pour l'ORSE montre que la publicité a bien pris en compte les transformations de la famille, qui n'est plus la famille dite "traditionnelle", avec la mère au foyer et le père qui travaille à l'extérieur : les femmes travaillent aussi à l'extérieur et les tâches domestiques et parentales sont supposées être partagées. Cependant, on retrouve ici la logique du conservatisme contrarié : la publicité prend acte de ces changements égalitaires mais ne cesse de mettre en scène et de légitimer les résistances masculines à ces changements[37]. »

## Les médias

En 2008, un Français avait en moyenne 42 contacts média et multimédia par jour. À 21 h 30, 45 % des Français se trouvaient devant leur poste de télévision et 90 % des Français l'allumaient au moins une fois par jour. Or, il est un élément constant et commun à tous ces médias : l'absence des femmes. L'association des femmes journalistes a mené en 1986 une étude sur une journée : elle a relevé que sur les 826 personnes mentionnées dans 192 articles parus dans sept quotidiens (cinq nationaux et deux régionaux), seulement 17,7 % étaient des femmes. Il est intéressant de constater que depuis 1986 le problème a été mis en évidence et que année après année, les chiffres n'évoluent quasiment pas. La même étude[38] menée en mai 2008 donne les chiffres des figures 1.2, 1.3 et 1.4.

| | Temps de parole | |
|---|---|---|
| | **Femmes** | **Hommes** |
| **RTL** | 41 % | 59 % |
| **France Inter** | 27 % | 73 % |
| **Fun radio** | 27 % | 73 % |
| **NRJ** | 7 % | 93 % |
| **Skyrock** | 7 % | 93 % |

**Figure 1.2 À la radio**

| Nombre d'articles | |
|---|---|
| 11 % femmes | 36 % hommes |

| Photos | |
|---|---|
| 17 % femmes | 53 % hommes |

Source : corpus GMM

**Figure 1.3 Dans la presse hebdomadaire**

| Occurrences | |
|---|---|
| 31 % femmes | 52 % hommes |
| **Durée totale des prises de parole** | |
| 32 % femmes | 68 % hommes |
| **Nombre de prises de parole** | |
| 37 % femmes | 63 % hommes |
| **Temps moyen de parole par intervention** | |
| 9,1 secondes femmes | 12 secondes hommes |

**Figure 1.4 À la télévision**

En résumé[39], les femmes représentent moins du quart des personnes figurant dans les informations, 19 % lorsqu'il s'agit de reportages politiques. Une analyse qualitative amène à faire les constatations suivantes :

- Les femmes ont des statuts de seconde zone, elles apparaissent davantage comme passantes, observatrices, représentantes de l'expression populaire, voire « ménagères » auxquelles on demande leur avis, que comme expertes.
- Elles ne sont majoritaires que lorsque les sujets présentent des étudiantes ou des personnes au foyer.
- Elles sont moins souvent nommées, et même les femmes exerçant des responsabilités sont régulièrement désignées par leur prénom, ce qui n'est jamais le cas pour les hommes. Leur âge est précisé deux fois plus souvent que celui des hommes.
- Elles sont moins souvent représentées dans une activité professionnelle et quand elles le sont, c'est en général dans des emplois hiérarchiquement inférieurs.

- Elles sont beaucoup plus fréquemment que les hommes photographiées peu vêtues, l'accent étant porté sur leur corps plutôt que sur leur visage.
- Les femmes sont bien davantage montrées dans des situations de victimes, notamment lors des catastrophes. On peut voir des hommes déblayer des gravats, transporter des blessés ou des corps, alors que les femmes restent en état de sidération ou pleurent. Cela est certainement bien loin de la réalité de terrain, mais les photographes cherchent et trouvent ce qu'ils s'attendent à trouver.
- Lorsqu'un média (*Le Nouvel Observateur*) parle de la solitude, il illustre le sujet avec des photos de femmes[40]. Sur six photos, une seule représente un homme, ce qui ne correspond pas du tout aux statistiques puisque 53 % des célibataires sont des femmes ; si les femmes isolées sont un peu plus nombreuses, c'est parce qu'elles vivent plus longtemps et restent donc seules. Les commentaires tentent d'expliquer que les femmes seules qui sont présentées (jeunes, appartenant à la classe moyenne ou supérieure) souffrent de leur solitude et s'ennuient alors que l'homme « revendique son indépendance ».

Marie-Joseph Bertini[41], philosophe et professeure en sciences de l'information et de la communication, qui a travaillé pendant plusieurs années sur l'image des femmes dans les médias, a identifié cinq figures qui, selon elle, sont toujours utilisées pour évoquer les femmes :

- l'égérie, ou l'ambition par procuration. L'histoire en regorge, et il est facile d'en trouver aujourd'hui parmi les compagnes de nos hommes politiques ;
- la muse, inspiration pour le créateur, mais qui est elle-même étrangère à la création ;
- la madone, forcément sainte ;
- la mère, figure certes sacrée, mais éloignée du pouvoir et de la réalisation pour elle-même ;

- la pasionaria ou la passion/compassion, figure de la femme active mais à l'opposé de la raison, qui reste un apanage masculin.

Ce n'est donc pas dans les médias que les petites filles apercevront des modèles potentiels et les femmes une image d'elles-mêmes valorisée et valorisante. Bien au contraire, comme le rapport Reiser le souligne : « Le risque est grand qu'à force de ne pas donner la parole aux femmes, celles-ci s'accoutument à ne pas la prendre et s'habituent à leur mutisme et à leur rôle de spectatrice[42]. » Mais les médias ne sont pas les seuls supports à véhiculer des images et des stéréotypes. Les publications destinées aux enfants présentent le même travers.

## AU TRAVERS DES PUBLICATIONS ET ÉMISSIONS POUR LE JEUNE PUBLIC

### Les albums pour enfants

En 2002, des chercheuses ont étudié les représentations du masculin et du féminin dans les albums illustrés[43] (une étude assez similaire publiée en 2008[44] ne montre pas d'évolutions significatives). Ces écrits à destination des enfants sont une voie majeure de la socialisation : ils y apprennent comment se situer dans le monde, comment s'y comporter, comment entrer en interaction avec les autres. Ces ouvrages qui proposent et propagent des valeurs sont également supposés développer l'imaginaire des enfants. Les chercheuses ont notamment fait les constats suivants :

- Les personnages sont toujours sexués : on ne représente quasiment jamais d'adultes au sexe non identifiable, alors que c'est un peu plus fréquent mais néanmoins assez rare (5,2 % des albums) pour les enfants.
- Les personnages masculins sont toujours plus nombreux, quel que soit le support (60 %) ; 77,7 % des illustrations montrent un

personnage masculin et seulement 48,9 % représentent un personnage féminin. Même dans les représentations de foules, les personnages masculins prédominent.

- Cette prédominance est encore plus importante dans les titres ou sur la couverture (qui est essentielle pour un enfant ne sachant pas encore lire). Deux tiers des titres n'évoquent qu'un personnage masculin.
- Les femmes, bien que moins souvent représentées, le sont beaucoup parmi les personnages de parents : les mères et grands-mères sont bien plus nombreuses que les pères et grands-pères, et elles s'occupent davantage des enfants. Les pères sont plus souvent impliqués dans des jeux et les mères dans les actions de la vie courante (nourrir, habiller, laver, coucher, promener…).
- Évidemment, les mères exécutent bien plus de tâches ménagères et sont 20,8 % à porter un tablier, contre 3,2 % des pères. Pendant ce temps, les pères bricolent, jouent ou se reposent en lisant le journal, en écoutant la radio ou en regardant la télévision. Ils sont d'ailleurs 12,2 % à porter des lunettes (contre 1,5 % des mères). Les femmes travaillent moins à l'extérieur : 15 % des albums représentent une femme au travail, et 32 % un homme. En outre, le travail féminin est souvent dévalorisé dans les albums : les femmes au travail causent des catastrophes !

Avec ces représentations des adultes, les enfants ont déjà une bonne idée du rôle assigné à chacun, qu'ils remettront d'autant moins en cause que cela n'est pas en contradiction forte avec ce qu'ils observent dans la réalité. On peut cependant relever que ces stéréotypes reproduisent une certaine réalité, mais qu'ils ne tiennent pas compte d'autres éléments : il n'y a pas moins de femmes[45], les femmes ne portent pas moins de lunettes, elles ont majoritairement un travail extérieur…

Il est très important de noter que les enfants y apprennent que filles et garçons ne sont pas équivalents. Concernant les tâches domestiques des enfants, la différence est nettement moins marquée que pour les adultes, mais elle existe puisqu'un quart des filles contre 16,9 % des garçons ont des fonctions ménagères.

De plus, garçons et filles ont des pratiques différentes, et sont traités différemment par les adultes :

- Cinq « activités » sont davantage pratiquées par les filles : se pomponner, se déguiser, effectuer des tâches ménagères, se mettre en colère (sur un mode caprice), danser. Deux « activités » sont à dominante masculine : vivre des aventures et faire des bêtises.
- Les filles héroïnes sont rares et si elles se voient attribuer davantage de qualités intellectuelles, notamment la capacité d'entreprise et le courage, c'est surtout parce que ce sont des filles exceptionnelles.
- Dans les fratries, l'aîné est beaucoup plus souvent un garçon, c'est donc lui qui commande ou prend les initiatives.
- Enfin, et c'est le genre de comportement qui nécessite une étude universitaire comme celle-ci pour être quantifié : les garçons reçoivent plus souvent des encouragements et des récompenses, tandis que les filles se voient plus souvent opposer des interdictions. Et même si les garçons sont plus souvent grondés par leur père, ils reçoivent moins d'interdictions.

Tout cela reste donc très cohérent avec les messages délivrés en permanence : les garçons peuvent faire des bêtises, ils seront grondés certes, mais c'est conforme à la nature des choses et cela ne les empêchera pas d'être des héros (voire favorisera leur héroïsme ?) ; les filles ne seront des héroïnes que si elles sont tout à fait exceptionnelles et plutôt des garçons manqués, et de nombreux comportements leur sont de toute façon interdits. Pendant que les garçons vivent des aventures, les filles se pomponnent : un raccourci saisissant mais qui résume bien ce qui se produira par la suite.

Les mêmes chercheuses ont procédé en 2008[46] à une analyse des suppléments pédagogiques destinés aux parents. Elles ont relevé comment, en quelques phrases, l'injonction de bien construire l'identité sexuée des enfants est assénée aux parents. Malheur à celui qui passerait outre ! Bien entendu, les éditeurs ne font aucune différence entre ce qui relève du biologique (très mineur à ces âges) et ce qui relève de la construction sociale. Extraits :

> « *Soyez sans inquiétude : jouer à la poupée quand on est un garçon de 2 ans n'a rien d'inhabituel. En effet, souvent à cet âge-là, l'enfant ne reconnaît pas son appartenance à un sexe [...]. Pour votre jeune garçon, le besoin de se différencier du sexe opposé deviendra le moment venu une nécessité.* »

> « *Votre petite fille se régale de dessiner des princesses et votre fils des avions. Ce n'est pas par hasard : votre petit bout sait à quel sexe s'identifier et il le montre dans ses dessins [...]. Les dessins des petites filles se font plus minutieux, elles couvrent leurs princesses de belles robes [...]. Les garçons exploitent la force masculine à travers leurs avions, fusées, voitures supersoniques... et leurs pulsions agressives avec leurs véhicules qui lancent des bombes, crachent des flammes.* »

> « *Un temps d'indétermination dans la recherche de son identité sexuelle n'a donc rien d'anormal. En attendant que cela lui passe, on peut toujours rappeler à l'enfant la réalité de son sexe : "Tu joues à te déguiser en fille (ou en garçon), mais plus tard tu seras un homme comme papa (ou une fille comme maman)".* »

> « *La peur de perdre leur zizi explique que les garçons sont apparemment (sans en faire une généralité) plus pudiques que les filles [...]. La petite fille quant à elle se demande pourquoi elle n'en a pas et si un jour il va lui en pousser un. Pour combler ce "manque", elle va se montrer coquette, mettre des rubans, des barrettes dans ses cheveux, arborer des bijoux.* »

On comprend, à la lecture de ces quelques phrases, que les associations féministes peuvent toujours mener campagne contre les rayons de jouets sexués à l'approche de Noël : même pour les parents les plus sensibilisés, il est bien difficile d'oser aller à l'encontre de ce qui apparaît comme des lois de la nature universelle.

## Les contes

Les contes véhiculent également des images stéréotypées. Qu'ont en commun Blanche Neige, Peau d'âne, Cendrillon, La Belle au Bois Dormant... ?

- Elles sont belles et douces.
- Elles font le ménage, voire la souillon.
- Elles attendent qu'un prince charmant vienne les soustraire à leur triste sort...

Il n'y a pas grand-chose à ajouter. En quelques mots, le sort des femmes est résumé. Ces contes sont anciens, ils ont traversé les siècles et sont encore connus de tous les enfants grâce, notamment, aux longs métrages qui les ont portés à l'écran. Et si les productions Disney ont quelque peu fait évoluer le modèle, toutes les héroïnes – même celles qui font preuve de rébellion ou de courage (Mulan, la Petite Sirène) –, ont pour objectif principal d'épouser le prince. Certes, le prince aussi souhaite épouser une belle jeune fille, mais c'est pour lui une activité parmi d'autres, puisque le reste du temps, loin de faire le ménage ou de rêvasser, il fait son métier de prince. Quelquefois même, la situation l'amène à embrasser une princesse endormie alors qu'il ne l'a pas cherchée. Quand une fille participe à un combat (dans *Harry Potter*, par exemple), elle ne fait le plus souvent qu'aider un homme.

Les stéréotypes véhiculés par les supports pour enfants ne sont pas anodins, ceux auxquels sont soumis les adultes en constituent une suite logique.

# LES STÉRÉOTYPES DE LA VIE QUOTIDIENNE

Les stéréotypes se traduisent concrètement par l'assignation de certaines tâches aux individus. Indéniablement, cela facilite l'organisation du quotidien : plutôt que de discuter pour décider qui fera le ménage, il est plus rapide et plus efficace de « savoir » que c'est une activité qui plaît davantage aux femmes et pour laquelle elles présentent plus d'aptitudes. Pour ce qui est du management, il suffit de connaître les qualités d'un bon manager et de savoir que ce sont des qualités masculines pour préférer recruter un homme. S'interroger sur ce que signifie réellement la qualité « avoir une autorité naturelle » et se demander en quoi elle est masculine serait vraisemblablement perturbant. S'il est impossible de dresser une liste exhaustive des stéréotypes de genres, quelques exemples nous permettront cependant d'éclairer leurs incidences concrètes.

## Femme au volant, mort au tournant

Dans les années 1930, un conducteur sur trente seulement était une conductrice, un sur trois dans les années 1950, un sur deux aujourd'hui[47]. Progressivement, les femmes – dont on notera qu'elles ne conduisaient pas non plus les voitures à cheval à des époques où il n'était pas convenable pour elles de voyager seules – ont conquis l'automobile et acquis l'autonomie qui en découle. Les assureurs ont un temps reconnu[48], en leur accordant des tarifs différents, qu'elles prenaient moins de risques et occasionnaient moins d'accidents graves[49] – ce que tout le monde ou presque sait. Pourtant, l'idée que les femmes conduisent moins bien perdure et est encore régulièrement utilisée dans les publicités (comme ce loueur qui précisait qu'il louait « même aux femmes » avec des images de voitures en mauvaises postures à coté de leurs conductrices). En réalité, hommes et femmes n'ont pas la même approche de la voiture. Pour elles, c'est un moyen de locomotion. Pour eux, c'est un instrument au service de leur image : la voiture, son prix, sa puissance disent quelque chose de leur personnalité et leur permettent d'acquérir une forme de prestige. Si les grosses cylindrées les fascinent autant, ce n'est pas seulement pour leurs performances, mais aussi pour les sensations et le sentiment de maîtrise qu'elles procurent, et surtout pour l'estime de soi qu'elles alimentent chez leur possesseur. L'image commune veut que les hommes possédant de belles voitures aient davantage de succès auprès des jolies femmes. Ce n'est pas un hasard si, sur les stands du Salon de l'automobile, de jolies hôtesses court-vêtues sont assises sur les capots des voitures ou à l'intérieur. Une publicité ne promettait-elle pas en 1993 : « Il a la voiture, il aura la femme » ? Au moment de l'achat, les hommes sont donc surtout influencés par la puissance, les femmes par le prix et les caractéristiques écologiques de la voiture[50].

En corollaire, la mécanique est encore aujourd'hui perçue comme une activité masculine. Au quotidien, les incidences sont loin d'être neutres :

- Dans les couples, la voiture de plus gros cylindre est utilisée par l'homme, la femme se contentant de la voiture secondaire, en général plus petite puisque seulement destinée aux trajets courts.
- En Île-de-France, les femmes utilisent davantage les transports en commun et rallongent ainsi leurs temps de trajet pour aller au travail, alors même que ce sont elles qui, le plus souvent, gèrent aussi les trajets des enfants[51].
- Les femmes évitent les prestataires de services masculins lorsqu'elles pensent qu'ils vont les traiter selon des critères stéréotypés : il en va ainsi des garagistes (métier qui compte peu de femmes). Elles imaginent en effet qu'ils ne les informeront pas correctement et essaieront de profiter de leur prétendue ignorance[52]. Ainsi s'enclenche un cercle vicieux que les Nord-Américains nomment la « menace du stéréotype », et qui a été mise en évidence pour différentes tâches et différents groupes sociaux. La figure 1.5 en représente une illustration.

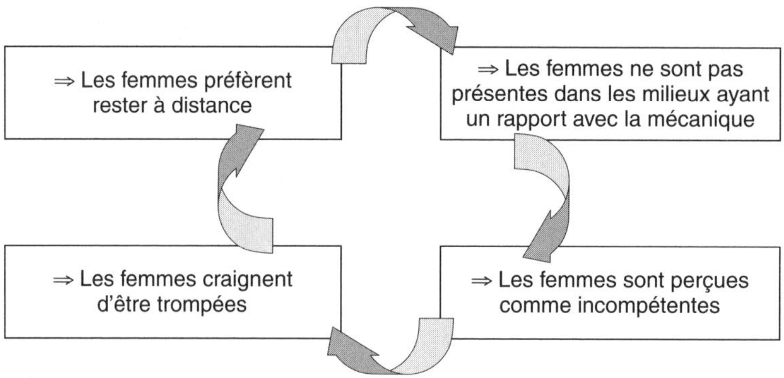


**Figure 1.5 La menace du stéréotype**

Le fait d'être la cible d'un stéréotype négatif et de pouvoir potentiellement être jugé en fonction de ce stéréotype induit une pression psychologique particulière qui interfère avec les performances. Poursuivons avec l'exemple des femmes et de la mécanique :

- Les jeunes filles ne souhaiteront pas s'orienter vers des métiers pour lesquels elles n'ont pas d'appétence puisque leur entourage n'a jamais pensé qu'elles pouvaient s'intéresser à la mécanique. De plus, elles perçoivent l'environnement comme peu accueillant et toutes les campagnes[53] visant à les inciter à se diriger vers ces métiers se heurtent à ces réticences compréhensibles.
- Ces stéréotypes fonctionnent comme des prophéties autoréalisatrices. Une femme qui, par exemple, doit réaliser un créneau difficile en étant observée par un homme goguenard (passager de la voiture ou passant) s'y reprendra à plusieurs fois alors que cette manœuvre ne lui pose habituellement pas de problème. Le jugement de l'autre, perçu comme négatif *a priori*, a augmenté son niveau de stress et rendu ses gestes moins sûrs et moins précis. Le jugement apparaît fondé. Là encore, le cercle vicieux a fonctionné.

## Les femmes et la science

Aujourd'hui, les pouvoirs publics se préoccupent du faible nombre de jeunes filles qui s'orientent vers des études scientifiques. Tout le monde le répète à l'envi : elles réussissent aussi bien et même plutôt mieux que les garçons dans les matières scientifiques. Alors pourquoi diable ne sont-elles pas intéressées par des études qui leur ouvriraient pourtant des voies vers de nombreux métiers parmi les plus prestigieux et les plus rémunérateurs ? Certainement parce que les filles préfèrent le domaine du social (nous en reparlerons plus loin). Mais aussi parce que là encore, d'une part, on leur a laissé croire pendant plusieurs décennies qu'elles étaient « mauvaises en maths » ; d'autre part, si elles choisissent les filières scientifiques, elles se retrouveront isolées dans un monde de garçons dont les règles ne sont pas les leurs.

Tout au long de la scolarité, les filles ont des résultats supérieurs à ceux des garçons. Elles redoublent moins et leur taux d'obtention du brevet des collèges et du baccalauréat est plus élevé. Leur moyenne est supérieure de cinq points en français et inférieure en mathématiques : de deux points en CE2, de quatre points en 6e[54]. Et, comme l'ont bien confirmé Catherine Vidal et Dorothée Benoit Browaeys, il n'existe aucune différence dans le cerveau pour expliquer que les garçons seraient plus matheux, auraient une intelligence spatiale et les filles une intelligence verbale[55]. D'ailleurs, si l'on entraîne les garçons et les filles de façon adaptée, les différences finissent par disparaître. C'est donc bien du côté de la sociologie ou de la psychosociologie qu'il faut chercher.

Il a été observé que les parents, lorsqu'ils s'adressent à leurs enfants, apportent davantage d'explications du type « ça marche comme ça » ou « cela sert à ça » à leurs garçons et davantage de commentaires descriptifs comme « c'est beau » à leurs filles. Alors même que les enfants ne sont pas plus demandeurs de l'un ou l'autre type d'interactions[56]. En réalité, avant même que leurs enfants entamment leur scolarité, les parents anticipent le fait que les garçons seront meilleurs en mathématiques ou s'intéresseront davantage aux aspects fonctionnels des choses.

Dès que l'école publique a été ouverte aux filles, elles se sont montrées meilleures que les garçons, mais il a fallu des décennies pour que l'on finisse par le reconnaître. Aujourd'hui encore, leur réussite est entachée de doutes. Le stéréotype qui veut que les garçons réussissent grâce à leur « bosse des maths » et les filles grâce à leur travail reste bien ancré dans les mentalités. Par conséquent, les filles doivent déployer davantage d'efforts pour obtenir le même niveau de reconnaissance. Professeurs et parents s'attendent à ce que les garçons obtiennent de meilleurs résultats en mathématiques et prennent davantage de temps pour leur expliquer, anticipant un meilleur retour sur investissement. Pour les filles, l'effet est plutôt dissuasif : pourquoi s'engager dans un domaine dans lequel elles pensent qu'elles seront moins performantes et qu'elles devront davantage travailler ? Le test a été effectué : présenter un exercice à des élèves en disant que c'est un exercice que les femmes réussissent moins bien amène effectivement à la réalisation de la prophétie[57]. Des chercheurs ont même été plus loin : une expérience réalisée à l'université de San Francisco a montré que les notes des filles pour un exercice de mathématiques proposé à des étudiants étaient meilleures lorsque la classe était composée exclusivement de filles. Lors d'un second examen, on a averti les étudiants que des ultrasons diffusés dans les salles pouvaient augmenter l'anxiété. Alors, et c'est surprenant, les filles ont obtenu de meilleures notes. Les chercheurs en ont conclu que la présence des garçons augmentait le niveau d'anxiété des filles qui se sentent moins compétentes qu'eux. Le fait d'expliquer les signes métaboliques de l'anxiété par un élément extérieur leur permettrait de la surmonter[58]. L'expérience fonctionne aussi bien lorsqu'elle est menée auprès de jeunes filles d'origine asiatique : on leur dit que les Asiatiques sont meilleurs, et leurs scores sont plus élevés ; on leur dit que les femmes réussissent moins bien et, dans ce cas, les scores baissent[59]. Elles sont tellement habituées à être perçues comme moins bonnes qu'elles se placent d'emblée en situation de stress lorsqu'elles savent qu'elles seront comparées aux garçons.

Pourtant les résultats du baccalauréat sont clairs (voir la figure 1.6) : les filles obtiennent plus souvent des mentions « bien » ou « très bien », surtout en série S, preuve que celles qui ont choisi ce cursus ont été « sursélectionnées » par rapport à leurs homologues masculins[60]. Elles doivent surmonter un handicap psychosocial (et non biologique) auquel les garçons n'ont pas à faire face. Et cela sera encore le cas au cours de leur vie professionnelle.

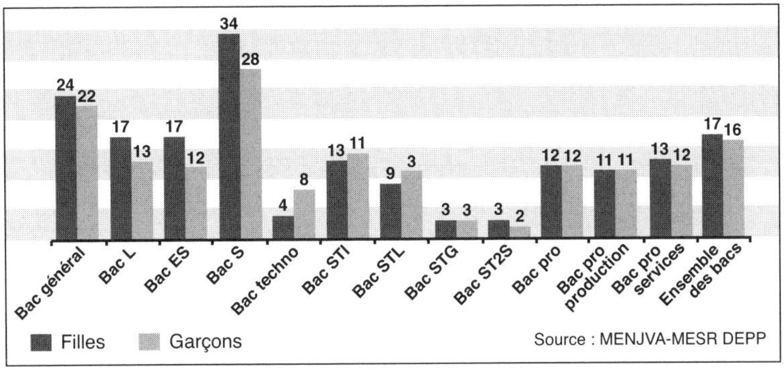


**Figure 1.6 Proportions de mentions « bien » ou « très bien » au baccalauréat en 2009 (%)**

## LES STÉRÉOTYPES DANS LE MONDE DU TRAVAIL

Depuis un siècle et tout particulièrement depuis les années 1970, les femmes ont investi tous les milieux professionnels. Tous, mais pas de façon identique. Elles sont massivement surreprésentées dans tous les métiers du social, qui sont aussi connus sous leur nom anglais de métiers du « *care* » (infirmières, assistantes maternelles…) et dans les métiers subalternes (caissières, assistantes…). Elles le sont de plus en plus dans certains métiers prestigieux (magistrature, médecine), où les diplômes importent davantage que les réseaux. Notre cerveau, qui aime les raccourcis qui lui facilitent la vie, en déduit donc quelques règles simplifiées et associe nombre de professions à un genre. Il va encore plus loin en associant au même genre les compétences ou les savoir-être requis pour ces métiers. On s'attend donc :

- À ce que les hommes gagnent plus. Une expérience menée aux États-Unis en 2001 prouve que les différences de salaires sont correctement perçues et apparaissent comme normales : des étudiants[61] doivent analyser une demande de bourse universitaire et décider du montant à attribuer. Le dossier précise le sexe et la couleur (on est aux États-Unis) des candidats. Les hommes blancs ont proposé une somme plus importante de 1 900 $ aux candidats masculins et blancs, tandis que les étudiantes ont donné un peu plus aux filles (300 $).
- À trouver des femmes infirmières et des hommes médecins à l'hôpital, des hommes dans un garage, une femme pour faire le ménage de son domicile, des patrons hommes et des assistantes femmes.
- À ce que les personnes présentent certains traits de caractère en fonction de leur sexe, c'est-à-dire que les femmes :
  - montrent davantage d'empathie. L'université de Neuchâtel, grâce à l'utilisation d'un système de réalité virtuelle, a constaté que les patients en visite chez un médecin étaient plus satisfaits lorsque le médecin exprimait ses sentiments… si c'était une femme. Rien de tel n'est attendu de la part d'un médecin homme[62] ;
  - soient plus émotives. Lorsqu'on pose la question « Qui sont les plus émotifs : les femmes ou les hommes ? », presque tout le monde répond immédiatement que ce sont les femmes. Et dans ce cas, le mot « émotif » est associé à de la faiblesse. Pourtant la colère, qui est aussi une émotion, est associée aux hommes, et là point de faiblesse, bien au contraire ;
  - soient gentilles.

Tandis que les hommes doivent :

- être forts physiquement et mentalement ;
- faire preuve de sang-froid ;
- avoir de l'autorité ;
- se mettre quelquefois en colère.

Par ailleurs, le cerveau associe des qualités à des fonctions :

- les personnes qui s'occupent des soins courants aux malades doivent être empathiques et gentilles, il est donc normal d'y trouver beaucoup de femmes ;
- celles qui opèrent les malades doivent avoir du sang-froid et des compétences élevées, il est donc normal d'y trouver des hommes.

À partir de ces quelques syllogismes erronés se construit un schéma du monde. Ainsi, dans une situation où, par exemple, un infirmier homme accompagne une chirurgienne, l'individu se trouvera face à une dissonance cognitive. Il pensera naturellement que l'homme est le chirurgien. Si on le détrompe, il est possible qu'il refuse de faire confiance à la chirurgienne, car elle ne correspond pas à l'image qu'il a d'un professionnel compétent de cette discipline.

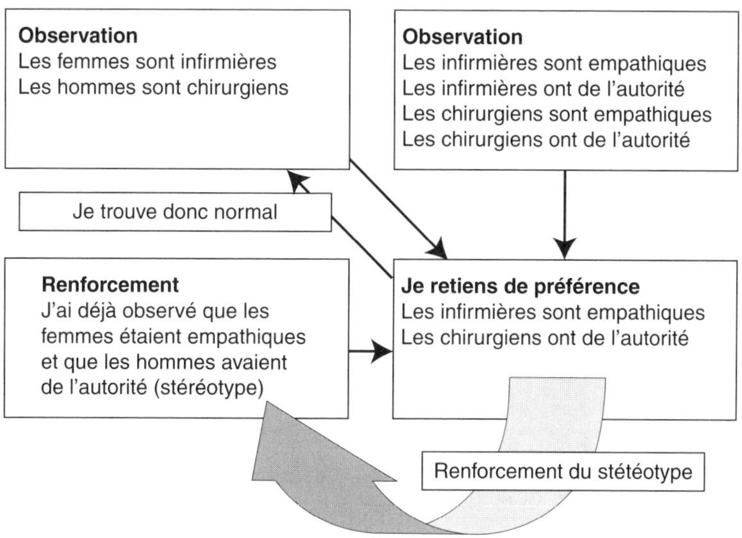


**Figure 1.7 Le « fonctionnement » du stéréotype**

Les stéréotypes ne demandent qu'à se reproduire, ils rendent notre monde cohérent et facile à comprendre : celui-ci devient plus prévisible et nous voilà donc rassurés. Les différences demeurent, et pourtant, le désir d'égalité entre hommes et femmes est partagé. Nous allons voir dans une deuxième partie ce qui empêche ou ralentit l'évolution vers une plus grande égalité.

Deuxième partie

# Le pouvoir des hommes : édicter les règles du jeu

Après avoir examiné la façon dont se construisent et s'entretiennent les différences de genres, nous tâcherons d'expliquer pourquoi l'évolution vers la parité est si lente[1] alors que le consensus semble régner autour d'une nécessaire et juste égalité. Nous ne pouvons simplement accuser les hommes de vouloir écarter les femmes des lieux de pouvoir, cela ne rendrait pas compte de tous ces phénomènes profondément ancrés dans la culture et dans nos schémas inconscients. Il n'y a pas non plus de volonté des femmes de rester pour toujours des acteurs de second ordre. Individuellement, la plupart des hommes, notamment parmi les plus jeunes générations, sont acquis à l'idée d'égalité. Pour trouver des explications, il conviendra donc de s'intéresser aux pratiques du groupe social « hommes », et principalement du groupe social particulièrement homogène que représentent les hommes blancs de plus de 50 ans et de catégorie socioprofessionnelle élevée : celui-là même qui détient les pouvoirs économiques, sociaux et politiques. Ce groupe fonctionne en effet comme tout groupe, c'est-à-dire en privilégiant les relations de proximité sociale. Depuis Bourdieu[2], on sait que les personnes partageant les mêmes pratiques culturelles ont davantage de chance de se rencontrer et de rester ensemble.

# 3

# Pouvoir et cooptation

## L'ENTRE-SOI DES HOMMES : QUI SE RESSEMBLE S'ASSEMBLE

Pour faire partie d'un cercle, il faut être choisi par ceux qui sont déjà en place. C'est particulièrement vrai en France. La plupart de nos dirigeants sont ainsi désignés, même lorsque les règles semblent en apparence garantir que les nominations sont faites sur la base de critères objectifs. Dans une société démocratique, postes et responsabilités sont en principe attribués selon les capacités et les mérites de chacun, et même si les entreprises ne fonctionnent pas comme des démocraties, *a priori*, leur intérêt est de placer les bonnes personnes aux bons postes. Mais pour être choisi, encore faut-il avoir la possibilité de démontrer ses qualités, c'est-à-dire qu'il faut être visible et vu par ceux qui décident. Or, dans bien des cas, les nominations, qu'il s'agisse d'une association de quartier, de la direction d'une entreprise ou d'un candidat à une élection, se font *in fine* par cooptation.

Il existe donc au préalable de nombreux filtres dont les critères sont implicites et non avoués – et pour la plupart, d'ailleurs, tout à fait inconscients. Jean-François Amadieu[3] a par exemple montré qu'un physique agréable est un atout dans un nombre croissant de professions, qu'être obèse est un handicap et que les cadres supérieurs (hommes) mesurent en moyenne près de 4 cm de plus que les ouvriers.

Il n'y a que les postes de la fonction publique qui soient pourvus par concours et pour lesquels, à l'écrit du moins, la notation s'effectue à partir de copies anonymisées. Pourtant, parmi les fonctionnaires comme parmi les salariés du privé, plus on monte dans la hiérarchie et plus le nombre de femmes diminue[4]. Les raisons en sont multiples. Cet « écrêtage » des femmes se fait à l'occasion des promotions internes mais aussi lorsque le recrutement des élites est direct puisque au concours d'admission à l'ENA perdure, de façon assez incompréhensible, une inégalité garçons/filles parmi les lauréats. La tendance serait même à une régression du pourcentage de filles admises au cours des dernières années (32,5 % de femmes en 2010, 36,25 en 2009, 38,75 % en 2008, 36,20 % en 2007, 33,80 % en 2006[5]).

Le principe de cooptation induit des choix moins objectifs qu'il n'y paraît et favorise la reproduction à l'identique des instances dirigeantes. Ce phénomène ne pénalise d'ailleurs pas uniquement les femmes, mais tous ceux et celles qui sont d'un autre milieu socioculturel, d'une autre origine, ou simplement différents parce que porteurs d'un handicap – c'est-à-dire tous ceux qui relèvent de ce que l'on appelle désormais en langage politiquement correct la « diversité ». Cela est vrai en politique, où les candidats aux élections sont non seulement préalablement choisis par leur parti mais doivent aussi, la plupart du temps, être adoubés par les notables locaux, voire nationaux. Cela est également vrai en entreprise, où sont constitués des viviers de « hauts potentiels ». Ceux qui en font partie connaissent des carrières accélérées, mais seuls quelques-uns arrivent aux plus hauts niveaux : ceux qui sont, *in fine,* parrainés par l'un des dirigeants en place. Lorsqu'on doit nommer un successeur, on choisit quelqu'un qui nous ressemble : un autre soi-même. Celui qui a ce pouvoir pense, et c'est humain, que ses propres caractéristiques sont les plus adaptées puisqu'elles lui permettent, d'après lui, d'assumer au mieux ses fonctions. Et comme ce sont le plus souvent des hommes qui choisissent, ceux qui leur ressemblent le plus sont aussi de sexe masculin.

La cooptation a également pour effet de rendre de multiples réseaux incontournables. Ils peuvent être officiels ou officieux, très structurés ou informels, mais présentent tous la caractéristique d'être des lieux de rencontre où l'on aborde des sujets autres que professionnels de façon plus détendue. Ce sont des occasions de se tester, de se jauger, d'approcher des personnes qui pourront être utiles, de rendre service, de susciter la rencontre entre des connaissances selon le bon vieux principe « les amis de mes amis sont mes amis ». Tous ces réseaux ont un point commun : ils fonctionnent sur la base du don et du contre-don. On rend des services pour pouvoir en solliciter à l'occasion, mais on ne fera pas nécessairement appel à la personne à qui l'on a rendu un service : l'échange circule. Les réseaux sont nombreux : anciens élèves, syndicats, clubs sportifs, cercles de réflexion, récipiendaires de la Légion d'honneur, réseaux d'entreprises, francs-maçons, etc.

Obnubilées par la conciliation de la vie privée et de la vie professionnelle, les femmes se dépêchent, une fois leur travail terminé, de rentrer à la maison afin d'y entamer leur seconde journée. Elles n'ont donc pas forcément pris le temps de s'intéresser aux réseaux, et n'ont pris conscience de la nécessité d'en faire partie qu'il y a quelques années à peine. Cependant, depuis peu, elles constituent leurs propres réseaux : des réseaux d'écoles, de dirigeantes, d'entreprises mais aussi sportifs ou féministes[6]... qui ne sont pas toujours bien vus par leurs congénères. Comment expliquer qu'elles n'aient pas, de façon progressive et naturelle, intégré les réseaux masculins ? L'une des raisons est qu'elles n'y sont jamais les bienvenues ! Les réactions des hommes sont souvent négatives lorsqu'elles parviennent à s'y immiscer.

Il n'est pas question de dénier aux uns et aux autres le droit de se retrouver entre soi. Mais ces réseaux-là ne relèvent pas du simple loisir ou moment de convivialité. Ce sont bien des lieux d'influence et d'accès au pouvoir, qu'il soit économique ou politique. Le fait que les femmes n'y soient pas présentes constitue une anomalie.

## L'exemple des francs-maçons

Les mésaventures récentes des loges maçonniques illustrent, jusqu'à la caricature, les résistances des hommes à une ouverture aux femmes de leurs réseaux les plus importants et les plus fermés. Lorsqu'au 18e siècle ces loges se sont organisées sous la forme qui est encore en vigueur aujourd'hui, elles se sont dotées de textes constitutifs prévoyant que l'admission était réservée aux hommes libres, ce qui signifiait qu'elle était interdite aux esclaves, aux « hommes immoraux ou scandaleux » et aux femmes. Certaines obédiences ont rapidement créé des sortes de « sous-loges » pour les épouses des maçons, mais elles n'ont jamais eu ni le même prestige ni la même autorité. Quelques femmes se sont acharnées à demander leur intronisation au cours des deux siècles suivants, à l'exemple de Maria Deraismes qui réussit à l'obtenir[7], mais resta en réalité toute sa vie sans loge. Elle finit par créer en 1893 une loge mixte avec un comparse, mais cette loge méprisée ne fut jamais véritablement reconnue. En 1952, les femmes n'étant toujours pas admises par les hommes, une loge féminine fut créée. Tout récemment, en 2008, 169 membres du Grand Orient de France (GOF) – loge la plus importante de France avec 49 000 membres – ont été suspendus par la chambre suprême de justice maçonnique pour avoir initié des femmes[8]. La chambre s'est appuyée sur le fait que le convent[9] n'avait pas remis en cause la tradition séculaire du GOF, à savoir que l'on n'initie pas les femmes. Le GOF a persisté et signé et le convent, à nouveau interrogé en 2009, a voté à 56 % contre l'initiation de femmes par ses loges. Son grand Maître a déclaré : « Ceux qui refusent ne sont pas réactionnaires ou rétrogrades pour autant. Tous les soirs, nous bénéficions de l'apport de la féminité dans nos travaux en invitant des femmes. Et nous continuons à prendre position en faveur de l'émancipation féminine, comme nous l'avons toujours fait. C'est un simple problème réglementaire[10] ».

Il a fallu attendre 2010, et vraisemblablement un débat soutenu, pour que la chambre suprême puis le convent changent d'avis et acceptent l'initiation des femmes au sein des loges en approuvant par 51,5 % des voix un texte déclarant que « ne peut plus être refusé qui que ce soit dans l'obédience pour quelque discrimination que ce soit, y compris de sexe ». Cependant, certains membres ont demandé au tribunal de grande instance de Paris l'annulation de cette décision. Parmi les motifs invoqués : « Depuis son origine, le recrutement et la composition du GOF ont été exclusivement masculins[11] ! » En 2011, le tribunal a jugé la demande irrecevable pour des raisons de droit.

Cet exemple n'est pas seulement anecdotique, il démontre que l'arrivée des femmes en de nombreux lieux ne résulte pas d'un mouvement lent et continu. On a tendance à penser qu'il doit suffire d'attendre que les générations se renouvellent pour que la parité s'installe progressivement. Or, il n'en est rien. Les hommes ont toujours résisté à ce qu'ils considèrent comme une intrusion sur leurs domaines. Au cours des deux derniers siècles, toutes les évolutions législatives ou sociales qui ont permis aux femmes d'accéder à l'égalité des droits ont été obtenues de haute lutte. En voici quelques exemples, qui sont loin d'être exhaustifs :

- La première société française pour le droit des femmes, et notamment le droit de vote, a été créée en 1876 par Hubertine Auclair. À l'époque, les femmes étaient considérées comme intellectuellement inférieures et incapables d'une réflexion politique. Ce mouvement à l'ampleur mondiale fut moqué. Les suffragettes étaient considérées comme des femmes aigries car sans aucun attrait physique[12] ou comme de mauvaises mères et de mauvaises épouses qui préféraient manifester plutôt que prendre soin de leur foyer. Cette image a quelque peu évolué, même si le terme de « féministe » a retrouvé aujourd'hui une connotation plutôt négative. Qu'on se souvienne du personnage de la mère dans *Mary Poppins*. Ce film de 1964 présente une famille vivant en 1910. Les enfants sont laissés aux bons soins de leur gouvernante pendant que leur mère, ravissante et plutôt sympathique, mais très négligente envers ses enfants, se rend à des réunions de suffragettes. Les premiers pays à accorder le droit de vote aux femmes furent la Nouvelle-Zélande en 1893 et l'Australie en 1902. Il a fallu attendre 1944 pour que les Françaises l'obtiennent.

- En 1861, une femme a passé pour la première fois le baccalauréat. Dans un premier temps, sa candidature fut refusée et c'est seulement après de multiples démarches qu'elle obtint son inscription. Elle réussit l'examen (et l'on imagine aisément ce qu'elle aurait enduré le restant de ses jours si elle avait échoué !), mais dut attendre encore un peu pour qu'un ministre acceptât de signer le précieux document… Et c'est seulement à partir de 1924 que le baccalauréat des filles est devenu l'équivalent de celui des garçons. Notons que les collèges et lycées publics de jeunes filles institués par la loi Camille Sée de 1880 étaient surtout destinés à soustraire celles-ci à l'influence de l'Église, tout en prévoyant d'en faire de bonnes mères[13].

Les quelques dates clés qui suivent correspondent à des fonctions occupées pour la première fois par une femme en France. Les pionnières ont toujours subi de multiples caricatures et éditoriaux misogynes :

- 1875 : première femme docteur en médecine ;
- 1900 : première avocate ;
- 1980 : première femme à l'Académie française, où elles n'ont été que six à siéger à ce jour ;
- 1981 : première femme préfet ;
- 1991 : première (et seule femme) Premier ministre ;

- 1999 : première femme brevetée pilote de chasse de l'armée de l'air française à être affectée en escadron de combat.

Les documents d'époque attestent combien les hommes ont mal accueilli ces femmes dans ce qu'ils considèrent comme des domaines réservés. Sur les trente dernières années, on peut relever quelques propos à l'encontre des femmes ayant réussi à pénétrer des milieux masculins :

- En 1980, lors de l'élection de Marguerite Yourcenar à l'Académie française, Jean Guitton n'hésite pas à déclarer devant un micro et une caméra[14] : « J'avais l'idée que l'Académie pendant trois cents ans avait vécu sans femmes et qu'elle pouvait encore vivre trois cents ans sans. » Après lui, André Chamson déclare à la journaliste qui lui demande s'il serait favorable à l'élection d'autres femmes : « Quand même, on va pas se mettre quarante-cinq femmes et vingt-deux hommes, ce serait ridicule. » Notons qu'il ne voit pas d'anomalie dans le fait de ne trouver qu'une femme parmi les quarante immortels. Aujourd'hui, le discours de Jean Guitton ne serait plus politiquement correct et un académicien poli, comme ils le sont tous, tournerait sept fois sa langue dans sa bouche avant d'exprimer ses sentiments. On peut même espérer que beaucoup sont conscients de cette inégalité et de son injustice. Pourtant, en 2011, l'Académie ne compte toujours que quatre femmes (six ont été élues, mais deux ont disparu depuis).
- En 1991, Édith Cresson a été nommée « Première » ministre, et reste encore la seule femme à avoir accédé à cette fonction en France. Ce qu'elle a enduré paraît inimaginable. Elle a été traitée de « Pompadour » et sa marionnette au *Bébête Show*[15], finement nommée « Amabotte », a entendu entre autres amabilités : « Toi, tu vas reboucher ton trou et fous-nous la paix ! » ou « Je m'ennuie, alors la greluche, je la viole. »

Les calembours sexistes ne semblaient plus de mise en 2007, même si Ségolène Royal a eu droit à « Qui gardera les enfants ? » (Laurent Fabius) ou « L'élection présidentielle n'est pas un concours de beauté » (Jean-Luc Mélenchon). Pourtant, en 2011, les vieux réflexes réapparaissent lorsqu'il s'agit de démolir Marine Le Pen[16]. Beaucoup la détestent pour les idées qu'elle défend et ce qu'elle représente, mais certains se croient autorisés à utiliser toute la panoplie du dénigrement sexiste, y compris celle qui se situe au-dessous de la ceinture. Dans *Libération* du 17 mars 2011, un portrait d'elle débute par ces phrases :

> « *Elle entre dans l'hôtel Saint-Aygulf. Jeans, bottes à talons, plus sexy que son père. Si je n'étais pas féministe [sic] et partisan de la parité au Parlement, je me dirais que c'est exactement le genre de fille [elle a 42 ans] qu'on a envie de sauter entre deux portes en espérant qu'elle vous demande de lui donner des baffes avant de jouir pour pouvoir se mettre un instant dans la peau d'un sans-papiers macho et irascible.* »

Quelques semaines plus tard, la France a découvert dans la suite de l'affaire DSK qu'en 2011, les députées pouvaient entendre dans les couloirs de l'Assemblée nationale des propos aussi distingués que : « La chasse, c'est comme les femmes, on regrette toujours les coups que l'on n'a pas tirés », ou plus sobrement, mais tout aussi discriminant : « D'accord, parce que tu as de jolis yeux[17] » ou « Les électeurs ont été sensibles à tes charmes, c'est comme ça que tu as gagné[18]. »

Pourquoi les hommes préfèrent-ils rester entre eux ? Est-ce une simple question d'affinités, ou bien la peur de l'autre, la peur de perdre un pouvoir ou de perdre du prestige ?

## Les affinités

Nous nous sentons plus d'affinités envers les personnes qui nous paraissent partager certaines de nos caractéristiques. Vous avez rencontré ces situations maintes fois :

- En vacances à l'autre bout du monde, vous croisez par hasard d'autres Français. Ils sont très différents de vous et si vous les

aviez croisés près de chez vous, vous auriez à peine échangé quelques mots. Mais si loin, ce sont les seules personnes qui vous soient semblables, ils deviennent donc vos meilleurs amis.
- Lors d'un mariage ou un anniversaire, vous connaissez peu de monde. Naturellement, vous vous dirigez vers des personnes qui vous ressemblent. Dans ce type de contexte, le critère principal est souvent l'âge. L'effet générationnel est important, et la discussion vous intéressera davantage si ces personnes ont une expérience similaire : âge des enfants, vie active ou non, etc. Ensuite, au fil des conversations, vous affinez en fonction d'autres critères.
- Vous croisez par hasard quelqu'un qui a fait la même école que vous. Vous ne vous étiez jamais rencontrés auparavant, mais vous vous sentez plus proche de cette personne que de celles qui vous entourent.

Le rapprochement peut être créé par des détails insignifiants ou artificiels : les porteurs de certaines marques de vêtements, les possesseurs d'un certain type de téléphone, les fans de telle ou telle star...

En situation d'interactions sociales, les hommes ont donc plus d'affinités avec d'autres hommes, le sexe étant une caractéristique immédiatement perçue et, comme nous l'avons vu, « clivante » dès l'école maternelle. Ils apprécient évidemment la présence des femmes, mais elles sont « autres », avec elles l'échange est d'une nature différente, ni confraternelle ni compétitive.

## La femme comme menace

Accepter les femmes sur son propre terrain, c'est accepter l'autre, quelqu'un qui peut avoir une autre vision des choses. Les femmes, justement, du fait de leurs activités habituelles, ont une autre vision du monde. C'est aussi prendre le risque que les relations de pouvoir, de camaraderie ou de compétition soient perturbées. Charles de Gaulle ne pensait-il pas, selon ce que rapporte un de ses collaborateurs, que les femmes étaient une source de complications, qu'elles faisaient intervenir des éléments sentimentaux, des facteurs passionnels qui risquaient de perturber les relations entre les collaborateurs et d'altérer, par conséquent, l'objectivité, l'impartialité, la froideur même, avec lesquelles il souhaitait que les affaires soient traitées[19] ? Mais de quels types de perturbations s'agit-il ?

- Le désir ? Jusqu'à ce que le délit de harcèlement sexuel, qui invite à la prudence, soit créé, les hommes pouvaient se permettre de désirer sans risque leurs assistantes ou toute autre subordonnée. Mais il en est autrement lorsqu'il s'agit d'une personne avec laquelle ils doivent discuter d'égal à égal ou qui est leur supérieure hiérarchiquement. Placer l'échange sur le terrain de la séduction n'est plus du tout approprié.
- Un enjeu différent ? Depuis toujours, pour les hommes, la conquête des femmes est le mètre étalon de leur estime de soi. David Abiker, dans son roman *Le Musée de l'homme*[20], décrit de manière cocasse une scène de rencontre dans un club de vacances : les hommes avec lesquels il converse évoquent leur maison, leur voiture, leur travail... Tous semblent bien mieux lotis que lui et plus la conversation avance, plus il se sent minable et redoute le moment où il devra lui-même se présenter. Or, sa femme (très jolie et très sexy) arrive alors et, au regard de ses nouveaux amis, il comprend, dit-il, qu'il a « gagné par K.-O. ».

Eu égard à cette compétition implicite entre les hommes qui porte sur la « possession » (le mot n'est évidemment pas neutre) des femmes, on peut d'ailleurs se demander si dans l'imaginaire des hommes, ces dernières n'auraient pas pour fonction principale soit de figurer sur un tableau de chasse soit de devenir la mère de leurs enfants. Dans ces conditions, il leur deviendrait difficile de les considérer comme des partenaires à part entière, ou comme des concurrentes dans la course au pouvoir, puisque la seule comparaison qui vaille a lieu entre mâles exclusivement, les femmes servant d'abord de faire-valoir. Autrement dit et de façon un peu plus crue, elles ne peuvent pas se trouver dans le camp des chasseurs puisqu'elles sont le gibier, l'un des enjeux de la bataille.

Cela expliquerait la manière dont la plupart des féministes ont été traitées. En se plaçant en position de parité avec les hommes, elles perdraient leur intérêt majeur, à savoir leur « féminité » et leur pouvoir de séduction. Les caricaturistes, et encore aujourd'hui le langage populaire, s'amusent à les décrire comme laides et « poilues ». À cet égard, les images populaires représentant des suffragettes au début du 20e siècle sont édifiantes. Elles nous montrent des laiderons avec une légende précisant « Suffragettes qui n'ont jamais été embrassées », des furies armées de parapluies ou des enfants négligés par leur mère qui manifeste au lieu de s'occuper de son foyer. Elles sont en l'occurrence très dissuasives et aujourd'hui encore, nombre de femmes préfèrent rester à distance et ne pas se revendiquer féministes. Brigitte Grésy a résumé leur position d'une formule lapidaire : « Je ne suis pas féministe, donc je suis baisable[21]. »

## Des bénéfices du rapport de domination

Les hommes auraient-ils peur ? Peur de perdre une main-d'œuvre bien pratique et toujours disponible qui effectue pour eux des tâches domestiques peu gratifiantes socialement, qui les décharge des contraintes liées aux enfants et leur évite d'être ralentis dans leur carrière, qui assure nombre de métiers d'assistance en leur laissant le loisir de se consacrer à des activités plus nobles ? À moins qu'ils ne craignent que les femmes se comportent de la même façon qu'eux et les évincent progressivement ?

## De la perte de prestige à s'afficher à égalité avec des femmes

S'afficher avec des personnalités importantes est valorisant pour sa propre image. Cela laisse penser que l'on est soi-même suffisamment important pour être accepté dans le cercle des personnes ayant de l'influence ou de l'autorité, ou que l'on est intéressant au point de susciter leur intérêt. De plus, on sait de façon intuitive que les gens fréquentent de préférence des personnes qui leur ressemblent. Être associé à quelqu'un qui a échoué ou qui manque de prestige n'est pas très bon pour sa propre image[22]. Quelqu'un qui fréquente des personnes dont l'image est moins bonne que la sienne prend le risque d'être lui-même assimilé à cette moins bonne image. Socialement, c'est donc une situation que les personnes évitent. Il n'y a qu'au cours des campagnes électorales que les candidats doivent démontrer qu'ils sont proches de « tout le monde »... tout en conservant la distance sociale requise pour rester crédibles.

Dans le milieu professionnel, il est normal de saluer et d'adresser la parole à tous, mais il est important de différencier le niveau de proximité. Ce n'est pas la même chose de discuter à la machine à café et de déjeuner avec des collègues ; ce n'est pas la même chose d'être aperçu en conversation au sein d'un groupe ou en tête-à-tête. Il n'est pas fréquent que le directeur de l'usine déjeune avec les personnes chargées du ménage. Ces situations contribuent à la construction de notre positionnement social. Dès qu'il y existe un enjeu de visibilité, il devient préférable de s'afficher avec « au moins aussi prestigieux que soi », et au jeu des hiérarchies, les femmes sont rarement les plus haut placées. Leur compagnie n'offre donc pas de plus-value, à moins qu'elles ne soient très jolies ; dans ce cas, il ne s'agit pas de démontrer son influence professionnelle ou politique, mais de prouver son potentiel de séducteur.

Le personnage important étant rarement une femme, on retrouve là une configuration bien connue (c'était déjà celle de la cour de récréation) : les hommes en groupes occupent le centre du lieu, bien visibles par tous, et n'ont généralement pas intérêt à inclure des femmes puisqu'elles contribuent, en quelque sorte, à faire baisser leur coefficient d'importance. Les hommes craignent donc peut-être de voir leurs assemblées perdre en valeur en se féminisant.

## Des privilèges mutuels au sein d'un groupe

Il serait inutile d'épiloguer sur ce thème. Les hommes qui bénéficient de multiples occasions de se rencontrer dans des lieux de pouvoir se perçoivent comme membres d'une même communauté. Et nonobstant les liens plus étroits qu'ils peuvent être amenés à nouer ou les services qu'ils peuvent se rendre, la seule appartenance au groupe suffit à justifier un traitement différencié. Des expériences de psychologie sociale corroborent ce phénomène[23]. Par exemple, on distribue de l'argent à des groupes constitués artificiellement, et certaines personnes y ont pour mission de le redistribuer : on observe qu'elles le font en favorisant leur propre groupe. Comme les femmes ne font pas partie du « groupe », elles ne peuvent profiter de ses privilèges.

Nous allons voir quelles sont les conséquences de cet état de fait, notamment la différenciation et la visibilité des uns par rapport aux autres.

# LES ASPECTS DIFFÉRENCIANTS DU GROUPE DOMINANT

Il est difficile pour les femmes de s'immiscer dans le groupe « hommes », d'autant plus qu'il s'agit d'un groupe dominant. Or, la hiérarchie entre les groupes a des répercussions sur la façon dont leurs membres sont perçus. Les individus membres d'un groupe dominé – tel le groupe « femmes » –, sont moins différenciés, c'est-à-dire que l'on reconnaît moins bien leurs spécificités individuelles. Par exemple, présentons à des spectateurs un film mettant en scène un petit groupe de discussion composé d'autant d'hommes que de femmes, puis demandons-leur d'associer chaque phrase à une personne : l'expérience prouve que les spectateurs commettent plus d'erreurs d'attribution concernant les femmes. Cela signifie qu'ils confondent plus facilement deux femmes que deux hommes. Deux phénomènes propres aux groupes se cumulent ici :

- on différencie moins bien les membres d'un autre groupe que les membres du groupe auquel on appartient ;
- on différencie mieux les personnes appartenant à un groupe dominant.

Les psychologues ont montré que nous considérons notre propre groupe comme diversifié et que les membres d'autres groupes nous semblent davantage similaires entre eux. De même, nous différencions les personnes de notre propre groupe et avons tendance à généraliser les caractéristiques des membres d'un autre groupe – et à croire, par exemple, que tous les Italiens sont bavards, les Auvergnats radins et les Ch'tis sympathiques. Si nous nous trouvons confrontés à une personne peu amène au guichet d'une administration, nous en déduirons facilement que tous les fonctionnaires sont des gens revêches. Le principe est tellement universel qu'il fonctionne même avec des groupes créés artificiellement pour une expérience : on scinde un groupe d'étudiants entre les buveurs de thé et les buveurs de café ou ceux qui aiment ou n'aiment pas la peinture moderne. Chacun se présente ensuite devant l'ensemble du groupe. Lorsqu'on interroge les participants sur ce qu'ils ont retenu les uns et des autres, les réponses concernant les membres de leur propre groupe sont bien mieux différenciées et les participants jugés plus différents les uns des autres[24]. On obtient également des jugements plus individualisés (certains sont sympathiques, d'autres non, etc.) sur les personnes du même groupe que sur celles d'un autre groupe, perçues comme beaucoup plus homogènes[25]. De surcroît, nous avons tendance à être plus facilement d'accord avec les membres de notre groupe et à davantage les soutenir[26].

Il s'agit d'un phénomène qui contribue à accentuer le peu de visibilité et d'importance données aux femmes : puisque, pour les hommes, elles font partie d'un autre groupe, ils les différencient moins bien les unes des autres. Dans ces conditions, il est plus difficile pour elles de se faire remarquer par leurs compétences, d'autant plus que ce n'est pas ce que les hommes regardent en priorité. Ils ont en effet tendance – nous y reviendrons – à s'intéresser à leurs caractéristiques physiques. Non seulement les femmes sont moins visibles et moins différenciées, mais elles sont aussi moins souvent prises en compte.

Le phénomène de perception que nous venons d'examiner s'accentue selon le statut du groupe (cette appréciation pouvant être tout à fait subjective) : nous retenons davantage d'informations au sujet des membres d'un groupe dominant (les gagnants d'un match, les supérieurs hiérarchiques, etc.). Là encore, l'effet peut être observé de façon expérimentale y compris dans une situation artificielle. Il suffit de montrer des tableaux à des étudiants en leur demandant lequel ils préfèrent et de valider ensuite certains choix au motif que ceux qui ont préféré tel tableau l'ont fait en raison d'une meilleure culture et d'un goût certain. Ceux qui ont fait ce choix se retrouvent *ipso facto* perçus comme dominants dans ce groupe[27]. On constate par la suite que tous les membres du groupe reconnaissent plus facilement ces dominants et retiennent plus d'informations à leur sujet. Par ailleurs, comme les dominants sont davantage sollicités et bénéficient d'une plus haute estime d'eux-mêmes, ils se mettent plus facilement en avant, multipliant ainsi les occasions d'être plus visibles et mieux reconnus.

Les femmes intègrent désormais des organisations dont la culture a traditionnellement été créée et contrôlée par un groupe homogène dont elles ne faisaient pas partie. Il est par conséquent difficile d'attirer sur elles l'attention des médias ou des recruteurs qui, à travers leur prisme déformant, ne distinguent pas leurs spécificités ni leur valeur ajoutée. Il leur est également difficile de se faire un nom. L'expérience suivante a été menée : on soumet à un panel une liste composée de 72 noms et prénoms, à parts égales d'hommes et de femmes, de célébrités et d'inconnus. Vingt-quatre heures plus tard, on présente aux mêmes sujets cette liste mélangée avec une autre liste composée de la même façon, et on leur demande de désigner dans la liste globale les noms célèbres. L'erreur commune chez les sujets est de croire célèbres des gens inconnus, dont ils ont lu le nom la veille. Ils désignent plus d'hommes que de femmes comme célèbres, et l'on constate moins d'erreurs pour les noms d'hommes. Cela explique peut-être les résultats de cette enquête suédoise de 1997 : les femmes chercheuses qui bénéficiaient de fonds européens devaient avoir publié vingt articles de plus que les hommes dans des revues prestigieuses pour bénéficier de ces fonds[28].

Finalement, même si elles ont intégré la quasi-totalité des domaines auparavant réservés aux hommes, les femmes, quel que soit leur niveau hiérarchique, n'apparaissent toujours pas comme membres du club puisqu'elles sont « autres » par rapport au groupe des hommes qui semble, en quelque sorte, en être le propriétaire.

# 4

# Les attributs inconscients et physiques de la dominance

Les hommes occupent des places qui semblent leur revenir naturellement ; ils auraient, davantage que les femmes, les qualités pour les occuper. En réalité, et c'est la force du stéréotype tel que nous l'avons vu en première partie, nous pensons inconsciemment que les caractéristiques masculines sont plus adaptées au pouvoir et à la compétition. Cela vaut pour le caractère comme pour les caractéristiques physiques. Il est plus facile de briguer un poste lorsqu'on « a le profil », à savoir lorsqu'on ressemble à l'image que se font les recruteurs du futur titulaire.

La loi impose aux entreprises de ne pas discriminer les candidats à l'embauche, c'est-à-dire qu'elles ne peuvent, en principe, prendre en compte d'autres critères que leurs compétences et leur adéquation au poste à pourvoir. Plus facile à dire qu'à faire… Et c'est encore loin d'être le cas : une étude menée par la direction de l'Animation, de la Recherche, des Études et des Statistiques (DARES) en 2005[29] auprès d'employeurs du secteur privé démontrait que les femmes ne bénéficiaient pas des mêmes conditions d'embauche. Elles sont ainsi davantage diplômées à poste équivalent et donc comparativement déclassées (et ce dès le début de carrière) ; et sont plus souvent embauchées en CDD ou à temps partiel.

De nombreux métiers sont fortement polarisés : l'enseignement, les soins aux personnes, l'information et la communication, l'accueil, le secrétariat, la gestion, la comptabilité et les fonctions administratives sont dévolus aux femmes ; les fonctions production, chantier et exploitation sont dévolues aux hommes. Mais surtout, un peu plus du quart des employeurs interrogés ont déclaré benoîtement que, dans 70 % des cas, ils préféraient embaucher un homme. Les employeurs de petites unités, disposant plus rarement de services RH professionnels, sont les plus concernés. Premier motif invoqué : la nature du poste à pourvoir (95 %). Sont ensuite citées, dans le bâtiment notamment, les contraintes physiques mais aussi la crainte d'une difficulté d'intégration dans des équipes majoritairement masculines. Dans plus de la moitié des cas, la préférence supposée des usagers est mentionnée. Et il reste encore une minorité d'employeurs pour motiver leur choix par une préférence personnelle à travailler avec des hommes.

Les recruteurs se laissent influencer par les stéréotypes. Ils se figurent ainsi, comme nous l'avons vu au premier chapitre, qu'une femme dans un garage aura bien plus de mal à être prise au sérieux, quelle que soit sa compétence. Même un recruteur décidé à ne pas prendre en compte le critère de genre peut se laisser influencer par des caractéristiques physiques auxquelles sont associées mentalement, et inconsciemment, des qualités perçues comme viriles (autorité, rigueur, solidité), lorsque ces qualités sont supposées nécessaires pour le poste à pourvoir. Ce n'est pas qu'ils considèrent les femmes comme incompétentes, mais plutôt qu'ils associent leurs talents à d'autres domaines.

## LA PLACE DU CORPS DANS L'ESPACE

N'importe quel ouvrage visant à « développer votre assertivité » ou « exprimer votre charisme » vous donnera les mêmes conseils pour positionner votre corps ou placer votre voix. Il s'agit de donner tout à la fois une impression de solidité – auquel cas il est préférable de prendre une position stable et symétrique –, et une impression d'ouverture, avec les bras et les mains ouverts : une position qui laisse apparaître de l'énergie, mais sans crispations ni tensions. On sait que les leaders[30] occupent davantage de place dans l'espace en faisant des mouvements très amples. D'ailleurs, la société leur reconnaît implicitement ce besoin d'espace supplémentaire, notamment les entreprises qui octroient des espaces différents selon le niveau hiérarchique. Plus on monte dans la hiérarchie, plus les bureaux sont grands. Aux employés les *open spaces* ou les salles partagées, aux chefs les bureaux spacieux, les baies vitrées (signe d'ouverture sur le monde extérieur) et les étages supérieurs. À moins que ce ne soit l'inverse et qu'on leur laisse plus de place pour qu'ils puissent « s'étaler » ? Les effets de la position physique ont donné lieu à plusieurs études. Dans l'une d'elles, on demande à des sujets de visionner une vidéo dans laquelle deux personnes assises face à face tiennent une conversation. La première a les jambes allongées, le corps appuyé sur le côté du fauteuil et fait de larges mouvements des bras en parlant ; l'autre a les jambes pliées, est assise au centre du fauteuil et ne bouge que les mains et les avant-bras. On demande aux sujets d'indiquer laquelle des deux personnes, selon eux, occupe une position dominante. Bien évidemment, c'est la première qui est désignée comme leader.

Or, les femmes occupent moins d'espace. Traditionnellement, le domaine des femmes est l'intérieur, largement plus restreint, et celui des hommes l'extérieur. Surtout, elles adoptent des positions bien plus tendues que les hommes. Dans les transports publics, il est frappant de constater que la majorité des femmes croisent les jambes, tandis que la plupart des hommes ont les pieds bien à plat et les jambes légèrement écartées lorsque la place le permet (et même si elle le permet à peine, d'ailleurs). Quelle que soit la façon dont elles sont habillées, certaines positions sont inhabituelles aux femmes, comme s'asseoir en posant une cheville sur le genou. Cette position que l'on peut observer chez les hommes lors d'interviews télévisées par exemple, est rarissime chez les femmes, même vêtues d'un pantalon. On retrouve les mêmes caractéristiques au travail. Non seulement la position « jambes croisées » réduit la prise d'espace, mais elle n'est guère favorable à une certaine décontraction. Le seul mouvement qu'elle facilite est celui du buste penché vers l'avant, position de sollicitude et d'écoute attentive, certainement pas d'autorité.

Nous avons tous un « espace social personnel », telle une bulle invisible[31], qui nous entoure et dans laquelle nous n'aimons pas que les autres s'immiscent. La taille de cette bulle varie selon les individus, et est régie par des normes sociales qui diffèrent selon les cultures. On n'a pas la même proximité avec son supérieur hiérarchique qu'avec ses collègues, ses amis ou son conjoint, et les règles peuvent être complexes. Ainsi les gens apprécient-ils qu'une personne au statut élevé s'approche au-delà de la distance « normale ». Un reproche sera d'autant moins bien perçu que la personne est proche physiquement, etc. Lorsque les individus ne respectent pas les règles établies, il en résulte généralement un malaise. Ce qui est facile à constater dans un ascenseur, par exemple : l'exiguïté du lieu nous oblige à une intimité bien supérieure à ce qui est habituellement admis et nous cherchons à l'éviter, notamment par la fuite du regard, pour ne surtout pas valider cette proximité. Or on sait que les femmes ont en moyenne des espaces personnels plus restreints. Dans une conversation, les femmes entre elles sont plus proches physiquement les unes des autres que les hommes entre eux.

La place que l'on occupe ne dépend pas seulement de nos mouvements. Elle est aussi tout simplement fonction de notre taille et de notre envergure physique. Quand on dit d'une personne qu'elle « a pris de l'épaisseur » ou qu'elle « a de l'envergure », c'est bien d'espace qu'il est question. Les effets de la taille sur la situation matrimoniale et professionnelle des hommes sont bien documentés[32] :

> *« La taille élevée est un atout économique. À diplôme constant, les hommes de taille élevée font une meilleure carrière professionnelle car leur sont confiées davantage de responsabilités*

*d'encadrement. [...] Les grands ne sont pas toujours plus forts physiquement mais leur autorité s'impose plus facilement. Ils dominent de la tête leurs interlocuteurs. Les rôles que leur taille leur fait jouer dans la vie quotidienne les amènent à prendre de l'assurance. La grande taille donne, alors, la capacité à se faire entendre ou à se faire obéir. »*

L'effet n'est vraisemblablement pas le même pour les femmes qui, selon les normes en vigueur, doivent être plus petites que leur conjoint (entre 4 et 20 cm). Par conséquent, puisque les femmes sont en moyenne plus petites et moins corpulentes que les hommes, leur corps prend *de facto* moins de place dans l'espace. Il est par conséquent moins facile pour elles de s'imposer. C'est d'ailleurs la raison pour laquelle le port de talons hauts au travail peut présenter un avantage : se mettre à la même hauteur que leurs interlocuteurs.

## Séduire ou convaincre ?

Les hommes pensent souvent que les femmes sont avantagées du fait de leur physique. Il suffirait que les blondes sourient à un jury pour emporter ses faveurs. Notons qu'il est impossible de savoir qui des blondes ou des brunes sont les mieux payées. Le débat est ouvert : une étude commandée en 2008 par un fabricant de produits colorants a démontré que les brunes percevaient une rémunération 10 % supérieure[33] à celle des blondes... jusqu'à ce qu'en 2010 une autre étude [34] démontre l'inverse !

En réalité, les choses sont bien entendu plus complexes. être belle (en psychologie ou en sociologie la beauté est mesurée en demandant à des observateurs de noter les photos des visages, les notes obtenues sont souvent assez homogènes et certains critères sont interculturels comme la symétrie droite/gauche ou le rapport taille/hanche pour les femmes) présente effectivement de nombreux avantages. On sait[35] que les petites filles les moins jolies sont davantage bousculées ou frappées par leurs pairs alors qu'aucun effet de ce type n'a été observé chez les garçons. Plus tard et tout au long de leur vie, les jeunes filles puis les femmes les plus attirantes bénéficieront d'égards et de compliments plus nombreux, trouveront davantage d'aide. Dans un système machiste, les femmes belles accèdent plus facilement à certaines fonctions. Silvio Berlusconi a ainsi promu, de façon tout à fait décomplexée, des jeunes femmes du fait de leur physique (dont la plupart ont vraisemblablement « payé en nature »). L'histoire regorge d'exemples de femmes devenues puissantes après avoir séduit un roi ou un empereur qui, généralement, jetaient leur dévolu sur de jolies femmes. La beauté permet d'attirer plus d'attention, de bienveillance et d'*a priori* positifs dans de nombreuses situations.

Cela s'applique aussi aux hommes. De façon générale, les personnes belles paraissent plus sympathiques, plus intelligentes, plus dignes de confiance. Jean Amadieu a relevé de très nombreuses situations dans lesquelles hommes ou femmes[36] étaient mieux traités notamment parce qu'ils inspiraient confiance. C'est le cas, par exemple, devant un tribunal (sauf en matière d'escroquerie où l'on préjuge que les personnes ont pu utiliser leur beauté pour tromper les autres) ou pour les enfants beaux, qui sont moins sanctionnés lorsqu'ils commettent une bêtise.

Mais attirant ne veut pas dire compétent ! C'est ce que montrent des expériences[37] qui ont étudié en détail les caractéristiques féminines ou masculines des personnes. Il existe en effet des traits du visage associés au masculin (menton fort, arcades sourcilières prononcées, sourcils plus fournis et rapprochés de l'œil) et d'autres au féminin (grands yeux, sourcils hauts et fins, petit menton, petit nez, mâchoire étroite). Un visage est jugé d'autant plus attirant qu'il est proche des caractéristiques de son sexe[38]. Lorsqu'on présente des photos sélectionnées selon ces critères à des étudiants jouant le rôle de recruteurs potentiels, ils ne choisissent pas en fonction du sexe, mais en fonction des traits qu'ils estiment utiles pour le poste et qu'ils attribuent aux candidats, de façon stéréotypée et inconsciente, selon leur aspect plus ou moins masculin ou féminin. Cela va même plus loin : si on leur présente la même candidate apprêtée de deux façons différentes : cheveux lâchés, maquillée, léger décolleté, ou cheveux attachés, sans bijou, sans ou avec très peu de maquillage, ils préfèrent la seconde pour un poste de cadre.

Ces mêmes mécanismes qui nous amènent à penser qu'une personne portant des lunettes est plus intellectuelle ou qu'une personne habillée de façon plus décontractée est *réellement* plus décontractée, nous influencent et nous font croire que les caractéristiques masculines sont celles d'un candidat doté d'une plus grande autorité. En revanche, lorsqu'on demande à ces mêmes apprentis recruteurs de sélectionner les candidats à un poste dans la communication, leur préférence va aux caractéristiques féminines. Bien évidemment, de nombreux autres paramètres liés à l'apparence entrent en ligne de compte : âge, ethnie... C'est pourquoi un nombre croissant de personnes critiquent le fait de devoir joindre une photo à leur CV. Cela dit, à l'étape de l'entretien, il est préférable pour une femme qui postule à un poste d'autorité et/ou à responsabilité de choisir une tenue qui ne soit pas trop féminine, sous peine de ne pas donner une impression d'autorité suffisante.

Les hommes étant toujours attirés par des physiques typiquement féminins avec des hanches et des seins, mais aussi un petit menton ou des lèvres pulpeuses[39], les femmes qui visent un poste à responsabilité se trouvent en conséquence devant un choix difficile : séduire ou convaincre. Options qui semblent difficilement compatibles. Les hommes ne sont pas placés devant de tels choix puisque leur statut social fait partie de leur panoplie de séduction et que leur éventuelle beauté, loin de leur nuire, leur donne un avantage. Les rares femmes ayant réussi de grandes carrières politiques, telles Angela Merkel, Margaret Thatcher ou Hillary Clinton, n'ont à l'évidence pas trop joué de la féminité ni de la séduction. Néanmoins, on assiste depuis quelques années à l'arrivée de jolies femmes qui semblent disposer d'un atout supplémentaire qu'elles ne se privent pas de mettre en avant. Citons Rachida Dati et Rama Yade en France, Sarah Palin aux États-Unis. Elles atteignent la notoriété et les médias citent leurs interventions. Il reste à savoir si elles parviendront aussi à démontrer qu'elles sont compétentes. La silhouette et le visage de « madone » de Ségolène Royal l'ont vraisemblablement aidée à emporter les primaires de son parti ; en revanche, ils n'ont pas été suffisants pour gagner l'élection présidentielle et on peut observer en 2011 qu'elle est revenue à un look plus classique. Tout au long de la campagne, elle a manqué de légitimité car elle n'a pas su prouver ses compétences et son autorité.

Il existe cependant un cas particulier dans lequel être une femme présente un avantage : lorsqu'il est nécessaire de rassurer. Une femme apparaît toujours comme moins menaçante qu'un homme, car le stéréotype lui attribue des qualités de douceur et de gentillesse. Certains observateurs[40] se sont par exemple demandé si le maintien d'Anne Lauvergeon à la tête d'Areva en 2009 n'avait pas été, outre ses qualités professionnelles, facilité par le fait que les femmes rendraient le nucléaire plus acceptable. Plus récemment, il est indéniable que Marine Le Pen, qui n'apparaît pourtant pas comme un parangon de douceur, a largement contribué à redonner à son parti une image beaucoup moins dure et plus « fréquentable ».

## Sourire ou diriger, faut-il choisir ?

Les femmes sourient plus que les hommes. Ce n'est pas une simple impression, cela a été démontré[41]. Sur des photos de classe de la maternelle à l'université, dans les magazines et les journaux, les personnes de sexe féminin sourient plus souvent : 63 % des garçons en maternelle et primaire contre 82 % des filles, 58 % des hommes contre 80 % des femmes dans les magazines. Cela n'est manifestement pas inné puisque la différence n'apparaît qu'à 5 ans. Incontestablement, il est attendu des femmes qu'elles sourient, mais qu'attend-on des hommes ?

Une analyse du nombre de réponses obtenues par les utilisateurs des sites de rencontres sur internet nous donne des indications. On apprend que, pour espérer obtenir plus de messages que la moyenne, les femmes doivent regarder l'objectif tout en souriant ou en adoptant une moue un peu coquine. Pour les hommes, c'est l'inverse, il faut plutôt faire la gueule (ou, du moins, ne pas sourire) et regarder ailleurs.

Une autre étude de l'université de British Colombia[42] portant sur les critères d'attractivité – menée à partir de photos – a également constaté que les hommes souriants et les femmes hautaines étaient moins attirants pour l'autre sexe. Bien entendu, il est question d'attirance sexuelle et nous sommes loin d'un contexte professionnel. Mais on sait par ailleurs que les personnes attirantes sont aussi jugées plus intelligentes ou plus compétentes, et ce d'autant plus que le visage apparaît adulte et mature[43]. On remarquera qu'il est facile pour les hommes à la fois de plaire aux femmes et de paraître sérieux et empreints d'autorité : il leur suffit de ne pas sourire. Les femmes, quant à elles, devront choisir : sourire et plaire aux hommes, ou paraître hautaines et revêches.

Le magazine *GQ* ne s'y est pas trompé, qui a réalisé un dossier sur le thème : « L'art de faire la gueule[44] ». Jean-Luc Mélenchon y est évoqué : « Le président du parti de gauche s'inscrit dans une tradition bien française qui, de Lino Ventura à Jean-Pierre Bacri, a longtemps associé l'image de la virilité sous nos latitudes à une forme de paternalisme acariâtre. » Citant le psychiatre Vincent Estellon, l'article ajoute : « Il y a effectivement une inégalité des sexes face à la mauvaise humeur. Un homme qui fait la tête est perçu comme ayant du caractère, alors qu'une femme énervée sera souvent taxée d'hystérique. »

## La parole

« Les femmes sont plus bavardes que les hommes » est un stéréotype particulièrement prégnant, qui se révèle tout à fait faux dans la plupart des cas. La façon dont les uns et les autres communiquent et interagissent par la parole a fait l'objet de très nombreuses études, y compris auprès de populations de cultures différentes. Nous nous en tiendrons ici aux travaux français et anglo-saxons.

Notons en préambule que nos interlocuteurs nous prêtent des intentions avant même que nous ayons ouvert la bouche. Celles-ci sont fondées essentiellement sur des aspects non verbaux (attitude physique, mouvements, expressions du visage, etc.), mais aussi sur des préjugés concernant la tenue vestimentaire du locuteur, sa couleur de peau, un éventuel accent ou son sexe. Une expérience a ainsi été menée auprès d'étudiants. Ils devaient porter des jugements à partir de dessins stylisés de visages : chaque visage était dessiné deux fois, avec pour seule différence entre les deux une stylisation masculine ou féminine. Les étudiants ont évalué les femmes comme « bavardes, futiles, frivoles et indiscrètes », tandis que les hommes ont été perçus comme « plus froids, moins communicatifs, moins expressifs et plus stériles, plus discrets, plus sérieux, plus importants et moins bavards ». On voit que ces jugements, qui ne reposent sur aucun élément objectif[45], dévalorisent d'emblée les images féminines.

Par ailleurs, l'idée que les femmes et les hommes ne parlent pas de la même chose a été confirmée de nombreuses fois. Dans la vie quotidienne, les hommes parlent davantage du travail, de sport, de mécanique automobile, de bricolage, de politique, de voitures ou de motos. Les femmes privilégient les sujets portant sur les relations et les gens, la famille, les enfants, l'amitié, le ménage, les vêtements et la cuisine[46]. Cela explique certainement en partie pourquoi, dans les assemblées mixtes, hommes et femmes se retrouvent souvent en groupes séparés. Notons aussi que les femmes prononcent moins d'injures ou de « gros mots », pour avoir entendu dans leur enfance que « ce n'est pas joli dans la bouche d'une petite fille ».

Les études analysant le déroulement de conversations enregistrées font apparaître que lorsqu'un groupe est mixte, la répartition du temps de parole est plus favorable aux hommes. Ils prennent la parole plus souvent et la gardent plus longtemps[47]. Ils interrompent les femmes plus qu'elles ne les interrompent[48]. Leurs propos chevauchent plus souvent ceux d'un autre interlocuteur et ces chevauchements sont plus souvent « réussis », c'est-à-dire que les hommes en question parviennent ainsi à conserver la parole. Certains auteurs y voient le signe d'une dominance exercée par les hommes dans le cadre de la conversation ; il a de surcroît été montré que les personnes d'un statut supérieur interrompent davantage les autres dans les assemblées, mais qu'un homme de statut inférieur peut interrompre une femme, même si elle est d'un statut plus élevé, et lui reprendre ainsi la parole[49]. D'autres y voient plutôt la manifestation de deux manières de concevoir la conversation. Interrompre quelqu'un, rebondir sur ce qu'il dit démontre de l'intérêt pour ses propos. Le fait que les femmes les interrompent moins peut être interprété par les hommes comme un signe de moindre intérêt ; le fait qu'elles les laissent parler indique peut-être pour eux qu'elles n'ont rien à dire. Toujours est-il qu'en définitive, ils parlent plus longtemps, ce qui présente des avantages, notamment en réunion : ceux qui parlent plus longtemps ont ainsi l'occasion de mieux faire valoir leur point de vue et de se faire remarquer. À l'inverse, dans ce type de situation, se laisser interrompre contribue à diminuer l'impression d'autorité que l'on peut dégager.

Enfin, et cela corrobore ce que nous verrons dans les paragraphes suivants, lorsqu'une femme utilise la totalité du temps qui lui est équitablement imparti (par exemple 25 % du temps dans une conversation de quatre personnes), elle est perçue comme bavarde ; et lorsqu'elle coupe la parole à ses interlocuteurs, elle est jugée plus agressive qu'un homme qui fait la même chose avec la même fréquence.

## DES RÈGLES DU JEU DIFFÉRENTES POUR LES FEMMES

Pour les femmes, tout est donc plus compliqué puisque leurs caractéristiques physiques ne coïncident pas avec celles qui nous donnent l'impression qu'une personne a des compétences ou de l'autorité.

Mais alors, ne leur suffirait-il pas de s'intéresser aux réseaux, de créer les leurs, d'apprendre à occuper davantage d'espace, de sourire un peu, mais pas trop, pour entrer de plain-pied dans la compétition et enfin dépasser le plafond de verre ? Eh bien non, parce que se comporter comme des hommes ne leur apporte pas les mêmes bénéfices. Une femme doit être féminine et respecter, pour ce faire, un certain nombre de codes associés à la féminité. Or, si « pouvoir » va de pair avec « virilité », ce n'est pas le cas avec « féminité » : « pouvoir » et « féminité » seraient plutôt antinomiques.

## De l'impossibilité d'adopter des comportements considérés comme masculins

Occuper un poste à responsabilité implique que l'on accepte de devenir un *compétiteur*, c'est-à-dire de se mettre en avant et d'écarter les concurrents. Pour cela, il faut savoir à l'occasion démontrer sa puissance et son autorité, quitte à intimider l'adversaire. Or, non seulement certains de ces comportements ne sont pas attendus de la part des femmes – censées être douces et gentilles –, mais en outre, ils ne leur sont pas autorisés. En conséquence, la majorité des femmes ne les adoptent pas puisqu'elles ont pu constater que, au mieux ils étaient inopérants, au pire ils les desservaient.

## Colère et crise d'autorité interdites

On a vu que les pleurs d'un bébé étaient interprétés différemment selon son sexe. La colère d'une fille n'est pas envisagée, car c'est tout simplement une émotion qui ne lui convient pas – et pas davantage à l'âge adulte. Devant des photos d'hommes et de femmes présentant les caractéristiques de la colère, les observateurs jugent, sur une échelle de un à huit, les hommes plus en colère ; surtout, ils estiment que les photos de femmes expriment aussi de la peur. Nous aurions donc tendance, en voyant une femme en colère, à penser en premier lieu qu'elle est effrayée ou qu'elle ne se maîtrise pas.

Lors du débat télévisé qui l'opposa à Nicolas Sarkozy entre les deux tours de l'élection présidentielle, Ségolène Royal se mit en colère – colère feinte ou réelle, on l'ignore. Toujours est-il que son adversaire s'empressa de souligner son manque de sang-froid et la railla au motif que la fonction présidentielle nécessitait plus de calme. Lui, dont les colères sont légendaires et quasi quotidiennes, convainquit[50] l'opinion sur ce point. Le lendemain, les réactions furent partagées, mais les détracteurs de Ségolène Royal n'ont pas manqué de noter qu'elle avait été « agressive » ou s'était « emportée ». Les exemples abondent : il suffit à Nadine Morano[51] d'exprimer sur les bancs de l'Assemblée nationale son désaccord avec les modalités d'un vote pour que l'on évoque aussitôt ses « vociférations », alors que les interventions intempestives, et bien plus virulentes que les siennes, font partie des règles même de cette assemblée. Les envolées plus ou moins lyriques, les interruptions de parole, les chahuts sont ensuite intégralement retranscrits au *Journal officiel*, et sont désormais diffusés à la télévision ou sur Internet. Un député qui ne se ferait pas remarquer de la sorte ne tarderait pas à apparaître comme insignifiant (un député homme bien sûr, car lorsqu'il s'agit d'une femme, le carton rouge est rapidement brandi).

On retrouve le même phénomène dans la vie professionnelle : la colère de l'homme est largement tolérée. Et à condition qu'il sache la maîtriser, c'est-à-dire qu'il n'ait pas de gestes déplacés et n'aille pas trop loin dans l'humiliation de ses collaborateurs, elle sera perçue comme une démonstration d'autorité. Il n'en sera que plus respecté et sa colère contribuera de toute façon à accroître la soumission de son entourage. Les chirurgiens en salle d'opération[52], par exemple, seraient coutumiers des « coups de gueule », auxquels les infirmières qui les entourent s'empressent de répondre. Dans ce métier qui requiert une intense concentration et un mépris de la peur, la colère servirait en quelque sorte de soupape de sécurité. En revanche, une enquête auprès des chirurgiennes montre que, lorsqu'elles « piquent des crises », le résultat est fort différent : non seulement l'entourage ne réagit pas par un excès de zèle, mais il aurait même tendance à ralentir.

La colère est une émotion qui n'est pas associée au féminin. D'une femme qui exprime de la colère, on dira qu'elle a les nerfs à fleur de peau ; d'un homme, on dira qu'il est stressé ou qu'il a du caractère. Une femme qui se met en colère suscite plusieurs types de jugements :

- Elle est perçue comme hystérique (terme sans équivalent masculin et pour cause, puisque étymologiquement, il a la même origine que le mot « utérus »), perdant le contrôle d'elle-même et ayant des exigences infondées. On lui renvoie des propos qui démontrent que sa colère n'est pas prise au sérieux : « la colère vous va bien », « ses nerfs ont lâché » voire – mais c'est rare dans le monde policé des cadres supérieurs –, « elle doit avoir ses règles ».
- Elle paraît déplacée, et provoque des réactions du style « Mais pour qui elle se prend, celle-là ? »

Alors que la colère d'un homme peut lui permettre d'asseoir son autorité, celle d'une femme est gênante et contribue plutôt à la discréditer. Soit elle apparaît comme un signe de faiblesse, soit au contraire comme celui d'une trop grande arrogance.

## Pugnacité découragée

Les femmes ne se vantent généralement pas de se lancer dans la course aux promotions ou aux augmentations. Et quand elles le font, elles prennent souvent quelques précautions visant à indiquer qu'elles ne souhaitent pas « battre » ou « écraser », ou même « faire perdre » les autres. Ce vocabulaire guerrier ne semble pas fait pour elles, et nombre de femmes prennent grand soin de décrire l'entreprise comme un monde gagnant-gagnant, sans même avoir réellement conscience qu'elles en deviennent ainsi les perdantes. Nous verrons dans la troisième partie en quoi les femmes sont mal à l'aise avec l'idée même de compétition.

Des qualités valorisées chez les hommes comme la détermination, l'agressivité, la pugnacité, apparaissent comme très négatives chez une femme. Si elle manifeste l'un de ces traits de caractère, elle peut donc s'attendre à être dénigrée, sous des prétextes divers, mais qui tous visent à contester la place qu'elle s'octroie, même de la part de ceux qui ne sont pas connus comme d'horribles machos, et même sous le couvert d'un hommage au genre féminin. Tout le monde connaît la chanson « Miss Maggie » de Renaud. Margaret Thatcher, qui a été un Premier ministre à poigne, est très souvent citée comme l'exemple du fait « qu'une femme peut être pire qu'un homme ». Sans prendre parti sur le bien-fondé de son action au gouvernement britannique, on peut simplement remarquer que de très nombreux hommes politiques ont fait preuve de la détermination et de la rigueur reprochées à Mme Thatcher. L'histoire retient leur plus ou moins grande compétence ou le fait qu'ils ont été plus ou moins visionnaires. Mais à moins de parler d'un dictateur sanglant, il est rare que soient exprimés à leur encontre des propos aussi humiliants que les derniers vers de la chanson de Renaud :

> *« Moi je me changerai en chien si je peux rester sur la Terre*
> *Et comme réverbère quotidien je m'offrirai Mme Thatcher. »*

De façon commune, les femmes sont rabaissées si elles manifestent trop d'assurance et de confiance en elles.

## Revendications néfastes

À poste et temps de travail équivalents, les femmes perçoivent, comme nous l'avons vu, des salaires inférieurs de 10 % à ceux des hommes. Les femmes seraient donc fondées à réclamer des augmentations. Or, en 2003, une enquête[53] a montré qu'elles ne le faisaient pas, et l'on peut émettre l'hypothèse que cette absence de revendication est justement l'une des raisons de leurs moindres promotions et salaires :

- 15 % des hommes ayant un emploi ont demandé une promotion dans l'année écoulée et seulement 7 % des femmes l'ont fait ;
- 23 % des hommes ayant un emploi ont demandé une augmentation de salaire, contre seulement 13 % des femmes.

Mais suffirait-il qu'elles réclament enfin pour obtenir ? De fait, il semble que les femmes anticipent assez bien ce qu'il adviendrait si elles réclamaient avec force : ce serait fort mal perçu. Car les hommes comme les femmes sont enclins à juger moins sympathiques les femmes qui réclament une augmentation, et ont ainsi tendance à les pénaliser. Après avoir visionné des vidéos d'entretiens de recrutement au cours desquels les candidats soit se contentent du salaire proposé, soit demandent une rémunération plus élevée, les hommes écartent généralement les femmes qui ont négocié le salaire, mais pas les hommes qui l'ont négocié. Les femmes, quant à elles, éliminent plus facilement tous les postulants, indépendamment du sexe, qui ont cherché à négocier. Les femmes se retrouvent donc coincées dans ce que les psychologues appellent une « double contrainte », à savoir deux injonctions qui se contredisent en s'interdisant mutuellement :

- elles devraient davantage réclamer leur dû : promotion et augmentation ;
- si elles le font, elles dégradent leur image.

Il est impossible de sortir de cette situation puisque, quelle que soit l'option choisie, elle aboutit au même résultat : la femme n'obtient pas autant qu'un homme.

## Persuader sans pouvoir s'imposer

Lorsqu'on demande à des observateurs ou des membres d'un groupe d'évaluer un manager, les évaluateurs masculins donnent de meilleures appréciations aux managers hommes. Et cette différence est plus marquée lorsque le style des femmes est autocratique ou lorsqu'elles se disent expertes dans un domaine considéré habituellement comme masculin[54]. Linda L. Carli[55] a montré que les hommes ne se laissent pas influencer par des femmes si elles s'expriment d'une façon qu'ils jugent autoritaire ou si elles prennent une attitude non verbale (gestes des mains, position du corps, contact visuel) habituellement associée à la dominance. Pire, ils peuvent en ressentir de l'agacement. Les femmes, en revanche, accordent davantage leur confiance à une autre femme si elle ne paraît pas trop timorée. Là encore, le piège est incontournable : si elle se montre trop affirmée, une femme ne convaincra pas les hommes, si elle ne se montre pas assez assertive, elle convaincra moins les femmes.

## L'humour et les femmes

Lors d'une réunion tendue ou d'une négociation difficile, l'humour est assurément un bon moyen d'améliorer la relation et de susciter l'adhésion. L'humour joue un rôle important dans les relations de séduction, et l'on connaît l'adage « femme qui rit, à moitié dans son lit » ! En réalité, l'humour est une caractéristique très appréciée chez les hommes, mais pas forcément chez les femmes. Si les femmes déclarent plus souvent rechercher un partenaire plus drôle qu'elles ne se jugent drôles elles-mêmes, c'est l'inverse pour les hommes : ils choisissent de préférence des femmes qu'ils font rire plutôt que des femmes qui les font rire[56]. Pourtant, lorsqu'on présente à des observateurs neutres des dessins humoristiques, sans leur préciser s'ils sont l'œuvre d'un homme ou d'une femme, les notes moyennes obtenues par les uns et les autres sont équivalentes[57].

En société et *a fortiori* dans une relation professionnelle, l'humour est un moyen d'occuper le devant de la scène, de se valoriser, mais également de contrôler le niveau émotionnel de son auditoire en le détendant. L'humour est habituellement dévolu aux hommes, et l'on constate, une fois de plus, que l'inversion du schéma habituel n'est guère appréciée. L'expérience suivante est à ce titre instructive : on a confié à des auto-stoppeuses et auto-stoppeurs un panneau indiquant leur destination. Un *smiley* avait été ajouté sur certaines pancartes. Le résultat a été étonnant : les garçons dont la pancarte portait un *smiley* ont vu davantage d'automobilistes s'arrêter, mais c'est l'inverse pour les filles[58].

## Maturité et expérience dévalorisées

Dans de nombreuses sociétés, la vieillesse est synonyme d'expérience et de sagesse. Elle est respectée et source de prestige. Mais aujourd'hui, *notre* société semble hésiter entre « jeunisme » et gérontocratie. Rien ne semble plus valorisant qu'être jeune ; pour le paraître le plus longtemps possible, il semble normal de faire du sport, de soigner son apparence, voire de recourir à la chirurgie esthétique. Pourtant, les jeunes de moins de 25 ans rencontrent de grandes difficultés à intégrer le marché du travail[59]. Ne serait-ce pas plutôt que le pouvoir appartient aux hommes de plus de 50 ans, lesquels ne semblent pas décidés à laisser la main ? Et si présenter tous les signes physiques de la jeunesse est particulièrement valorisé, on peut surtout y voir une tentative de la génération des *baby-boomers* de démontrer qu'elle est encore suffisamment jeune et vaillante pour être apte à diriger le monde. Il suffit pour s'en convaincre d'examiner la courbe des âges des élus de l'Assemblée nationale[60]. La figure 2.1 montre en effet le vieillissement progressif des membres de l'Assemblée nationale. Ceux qui y siègent ont visiblement du mal à laisser la place.

Dans nos sociétés, avancer en âge ne procure cependant pas les mêmes bénéfices aux femmes. Loin de tirer avantage d'un présupposé d'expérience et de compétences, elles sont dénigrées de diverses façons :

- Concernant leur physique : en 2009, on a encore entendu un homme politique déclarer qu'il ne souhaitait pas de « listes ménopausées » aux élections régionales[61].

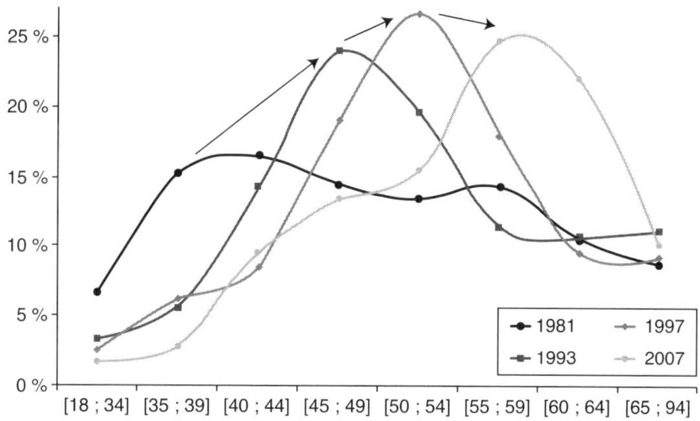


Source : Base Sycomore de l'Assemblée Nationale
Olivier Berruyer, www.les-crises.fr, 2011

**Figure 2.1 Les classes d'âge de l'Assemblée nationale à mi-mandat, 1981-2007**

- À propos de leur caractère acariâtre : l'un des personnages clés des contes est une belle-mère jalouse de la beauté d'une jeune femme et qui tente de lui nuire (les contes sont, rappelons-le, connus de la quasi-totalité des enfants français), et lorsqu'il ne s'agit pas d'une belle-mère, c'est une sorcière, laide et édentée. Dans l'imagerie populaire, ce sont souvent des femmes indépendantes (veuves la plupart du temps) et intelligentes. Des qualités difficilement acceptables…

Les hommes préfèrent s'entourer de femmes plus jeunes qu'eux. Probablement parce que les plus âgées, n'étant plus fécondes, ne présentent plus d'intérêt dans la compétition sexuelle. Mais il est certainement une autre raison majeure : ces dernières représentent une menace plus importante car, dégagées des contraintes liées à la maternité, elles sont plus disponibles, ne se laisseront évidemment pas manipuler et tenteront davantage de traiter avec les hommes sur un pied d'égalité. Au moment du mariage, hommes et femmes s'accordent d'ailleurs pour maintenir une différence d'âge : elle était en 2000 de 2,3 ans[62], en légère diminution par rapport aux années 1950 où elle était de 2,8 ans. La femme est la plus âgée dans un couple sur dix seulement.

Mais c'est surtout en politique que l'écart est frappant. Depuis des années, les leaders[63] nous annoncent que la parité sera acquise quand aura émergé une nouvelle génération de femmes politiques. Or, il y a longtemps que des femmes s'intéressent à la politique et l'on ne devrait pas avoir à attendre les prochaines générations. Pourtant les hommes, avec la complicité active des médias, préfèrent mettre en avant de jeunes et, si possible, jolies femmes. Leurs compétences ne sont pas systématiquement mises en doute (en France du moins, à la différence de l'Italie), mais il sera intéressant de suivre leur carrière afin de savoir si elles résistent au temps qui passe.

Quand les femmes tentent d'inverser les rôles, cela ne passe pas inaperçu. Il suffit pour s'en convaincre d'observer le nombre invraisemblable d'articles traitant des « femmes cougars », ces femmes qui ont une relation avec un homme plus jeune qu'elles. À l'évidence, ce n'est pas anodin, alors que l'inverse est monnaie courante depuis des siècles et ne suscite guère de réactions.

Celles qui voudraient percer le plafond de verre sont en permanence confrontées à ces doubles contraintes (trop jeunes elles paraissent manquer d'expérience et peu légitimes, trop âgées elles apparaissent comme ringardes et peu ouvertes), et au final, il leur sera extrêmement difficile, quelles que soient leurs compétences, de bénéficier de la même crédibilité que les hommes.

## L'ÉTERNELLE SECONDE PLACE DU DEUXIÈME SEXE

### Universalité du masculin versus spécificité du féminin

Être un homme est la norme, le cas universel ; être une femme est une spécificité. Chaque homme représente un élément particulier de la catégorie « humain » ; les femmes appartiennent en revanche à une sous-catégorie, celle des « humains de genre féminin ». Les hommes représentent le cas général, et les conséquences concrètes en sont nombreuses.

La principale incidence est que le masculin, en apparaissant comme universel et donc comme le neutre, sert de référence, et que le féminin n'existe pas en tant que tel, et est comparé en permanence au masculin. Il est fréquent que l'on précise le sexe quand on parle d'une femme, ce qui n'est pas le cas lorsqu'il s'agit d'un homme. Il en est ainsi, par exemple, lorsque les médias rapportent un fait divers. On peut lire dans certains journaux : « C'est une femme qui pilotait l'avion. » En règle générale, l'auteur ne ressent pas d'intérêt à préciser qu'un homme pilotait, à moins qu'il ne veuille préciser son origine ou son âge.

Les femmes sont donc bien perçues d'abord comme des représentantes de leur genre. Les hommes, eux, sont perçus comme des individus distincts et distinguables. Lorsqu'on demande à des sujets de décrire le plus vite possible une personne à partir d'une photo de son visage, la majorité des descriptions de femmes commencent par la mention du sexe, ce qui n'est pas le cas pour les descriptions d'hommes. Ce phénomène est observé très tôt, car si l'on demande à des écoliers de 6-7 ans de décrire leurs camarades, ils décrivent généralement les filles en les comparant aux garçons, par l'absence de certaines caractéristiques : elles ne sont pas fortes, elles ne courent pas vite, etc.

Une analyse d'articles de psychologie sociale dans différentes revues scientifiques observe que les études qui n'utilisent que des sujets masculins pour leurs expériences sont plus nombreuses que celles qui n'utilisent que des sujets féminins. Or, si les auteurs des études menées sur des femmes précisent dans 8 cas sur 13 que leur population est exclusivement féminine, les autres ne jugent pas utiles d'indiquer qu'ils n'ont fait appel qu'à des sujets hommes[64].

La langue française est, de ce point de vue, particulièrement pénalisante puisque le terme « homme » désigne aussi bien les hommes que les femmes. Or, le langage façonne notre pensée, et les mots suscitent des images internes qui construisent ou valident notre vision du monde. Aux mots sont associés des concepts, des images ; et le mot « homme », fût-il écrit (ou prononcé ?) avec une majuscule, engendre l'image d'un homme. C'est le cas lorsqu'on parle des « Droits de l'homme ». Le masculin représenterait l'universel. En réalité, ce n'est pas tout à fait exact. Les phrases suivantes sonnent ainsi de façon étrange : « l'homme est un mammifère qui allaite ses petits », « la femme est un homme comme les autres ». Elles sont la preuve que le mot Homme évoque d'abord l'homme. En entendant ou en lisant les phrases suivantes : « les avocats de M. X sont très convaincants », « tous les hommes sont mortels », nous pensons spontanément à des hommes. L'idée qu'elles puissent concerner aussi des femmes n'émerge que dans un deuxième temps… Si elle arrive.

Par ailleurs, la plupart des noms de métier n'ont pas de féminin fréquemment usité. De multiples débats sur leur féminisation ont pourtant eu lieu et une circulaire ministérielle a été diffusée en 1998[65] : malgré cela, les termes féminisés restent fort peu employés et donnent même régulièrement lieu à polémique. De façon générale, seuls les métiers mixtes ou habituellement exercés par des femmes sont couramment employés au féminin : sage-femme, infirmière, institutrice (professeure, par contre, reste peu usité), femme de ménage, boulangère, assistante… D'autres noms de métier peuvent facilement être féminisés : maçonne, électricienne, avocate. Certains métiers masculins sont désignés par un mot féminin : sentinelle, vigie. Mais certains noms de métier semblent plus difficiles à féminiser : c'est le cas de préfet, ministre, auteur, docteur, médecin, et l'on notera qu'il s'agit plutôt de métiers prestigieux. Le fait que d'autres noms comme « écrivain » ou « directeur » soient encore utilisés couramment pour désigner des femmes (sauf lorsqu'il s'agit d'une directrice d'école) laisse penser que la résistance est bien davantage dans les mentalités que dans la grammaire.

Au reste, certains noms n'évoquent pas les mêmes images selon qu'ils sont employés au masculin ou au féminin. Ainsi de « caissière » et « caissier » : on imagine dans le premier cas la caissière d'un supermarché, et dans le second, plutôt un employé de banque qui verse ou reçoit de l'argent. Même chose pour le métier de « secrétaire ». Et comme si cela ne suffisait pas, la grammaire exige que « le masculin l'emporte », contribuant ainsi à rendre les femmes encore plus invisibles lorsqu'elles sont minoritaires – et même lorsqu'elles sont majoritaires, puisqu'il suffit d'un homme pour que la locution soit accordée au masculin. La consultation du *Petit Robert* (édition 2011) est à cet égard tout à fait instructive (nous citons la première acception donnée pour l'un et l'autre mots). Il définit la femme comme suit : « Être humain de sexe féminin lorsque son âge permet d'envisager sa sexualité (par oppos. à enfant), et, le plus souvent, après la nubilité et à l'âge adulte, sociologiquement lié à l'âge où le mariage est possible (par oppos. à fille). » Et l'homme comme un : « Être (mâle ou femelle) appartenant à l'espèce animale, mammifère primate de la famille des hominidés, seul représentant de son espèce (*Homo sapiens*) ». Nous constatons non seulement que le mot « homme » désigne en premier lieu l'espèce humaine, mais également que la « femme » est d'abord définie par sa fonction biologique. Pourtant les tentatives de féminisation des noms, y compris gouvernementales, sont toujours contestées et ont bien du mal à s'imposer.

## Les processus contraints d'identification féminine

Le fait que la catégorie « homme » représente le neutre a des incidences sur la façon dont filles et garçons construisent leur identité. S'identifier au masculin est plus facile, même lorsqu'on est une femme. Si une fille qui se comporte comme un garçon est « un garçon manqué », se comporter comme une fille n'est pour un garçon rien moins qu'une déchéance. Comme nous l'avons vu dans la première partie, les parents, s'ils acceptent que leur fille se déguise en pirate ou en chevalier, ont pour la plupart bien plus de difficultés à accepter que leur petit garçon se déguise en princesse. Cette dissymétrie a pour effet de rendre quasiment impossible à un homme l'exercice mental consistant à se mettre à la place d'une femme. Alors que les femmes, elles, sont constamment confrontées, hormis dans le cadre du foyer et de la maternité, au modèle masculin. Ce dernier est encore très majoritaire et quelquefois le seul dans un contexte de vie active et sociale.

À qui peuvent donc s'identifier les petites filles qui voudraient devenir ministres, scientifiques, informaticiennes ou aventurières si personne dans leur entourage ne l'est ? Nous l'avons vu, ce n'est pas dans les médias ni dans leurs livres qu'elles trouveront beaucoup de modèles. À l'école, l'histoire de France relate l'épopée de personnages masculins ou de populations indifférenciées. À quelles héroïnes ou grandes femmes vont-elles avoir envie de ressembler ? Jeanne d'Arc, Marie Curie ou Simone Veil sont bien les seules à y avoir droit de cité. Depuis l'enfance, les filles se sont donc habituées à s'identifier plutôt à des personnages fictifs, notamment à des héros de la littérature enfantine. Or, nous avons vu dans la première partie que les garçons y sont beaucoup plus présents et plus actifs. Notons cette réponse proprement incroyable qu'un éditeur a publiée dans le courrier des lecteurs en réponse à une lettre qui l'accusait de sexisme : « Il est plus facile cependant pour une petite fille de s'identifier à un héros masculin (Léo, Petit Ours brun) que pour un petit garçon de s'identifier à un héros féminin[66]... » C'est probablement vrai, même si en réalité les filles préfèrent les héroïnes de leur sexe. Elles n'ont pas le choix, ces dernières étant bien moins nombreuses !

## LA DÉVALORISATION

### La dévalorisation des activités féminines

Les actes des femmes sont dévalorisés dans le monde professionnel. Tout au long du 20e siècle, les femmes ont progressivement investi les activités professionnelles, y compris celles qui leur étaient interdites, mais elles sont encore peu présentes dans nombre de métiers.

Aujourd'hui, régulièrement, les institutions les plus officielles (état, collectivités territoriales, etc.) financent des campagnes pour inciter les jeunes filles à choisir des professions qu'elles investissent encore peu : le bâtiment, les sciences, etc. Cependant, force est de constater que l'inverse ne s'est jamais vu. Aucune campagne n'a été envisagée pour promouvoir les métiers d'infirmier, d'homme de ménage ou d'assistant maternel auprès des garçons. Pourtant, le seul domaine des services à la personne emploie aujourd'hui plus de 1,9 million de personnes. C'est le secteur de l'économie française dont la croissance a été la plus forte au cours des quinze dernières années en termes de création d'emplois. Mais il s'agit pour la plupart d'emplois à temps très partiel, et même en cumulant plusieurs emplois, les équivalents temps plein ne sont pas la majorité. De plus, la plupart sont payés au Smic. Est-ce parce qu'ils sont mal payés que les hommes n'en veulent pas, ou parce que les hommes n'en veulent pas que ces emplois sont mal payés ?

Seules les activités masculines sont valorisées, valorisantes et désirables. Cette mutation-là reste à réaliser : la revalorisation des activités féminines. C'est une donnée objective puisque les femmes sont systématiquement moins bien rémunérées, y compris à poste équivalent. Et la pensée que les professions qui se féminisent – les professeurs, les professions judiciaires et désormais les médecins, par exemple – se dévalorisent est relativement commune. Curieux raisonnement… Car s'il paraît légitime de s'inquiéter de la présence trop majoritaire de femmes dans une profession, on ne peut s'empêcher de relever que la présence exclusive d'hommes est loin de susciter les mêmes inquiétudes.

À l'inverse, dès qu'un secteur devient plus prestigieux, nous pouvons être certains d'y trouver davantage d'hommes. Il en est ainsi dans la restauration. Dans la vie quotidienne, ce sont les femmes qui cuisinent ; dans les restaurants étoilés, ce sont en général des hommes. De même dans la couture : elle n'acquiert ses lettres de noblesse qu'avec les grands couturiers, qui sont et restent majoritairement des hommes, hormis le cas remarquable de Coco Chanel.

Ce fut aussi le cas pour l'obstétrique. Longtemps, l'accouchement fut une histoire de femmes. Puis vint la médicalisation et, avec elle, l'appropriation du métier par les médecins : à l'époque, des hommes exclusivement. C'est pourtant une femme, Angélique du Coudray, qui en France forma au 18e siècle l'essentiel des médecins et accoucheuses. Les chirurgiens s'étant attribué le rôle de superviseurs, les femmes se sont retrouvées dans celui de sage-femme, bien moins prestigieux et rémunérateur, mais tout aussi indispensable. Dans un tout autre secteur comme celui des métiers du nettoyage, on peut même observer que lorsqu'ils y travaillent, les hommes n'effectuent pas les mêmes tâches : « Les femmes nettoient les sanitaires, les sols, elles travaillent avec les éponges, les balais. Les hommes s'occupent d'activités dans lesquelles il y a la médiation d'un outil, d'un aspirateur, d'une cireuse électrique… Ils n'ont pas les mains dans la saleté. Ils portent aussi des poids lourds. On retrouve la division sexuelle du travail[67]. »

Les femmes ont toujours travaillé gratuitement : à la maison, mais aussi dans l'agriculture, l'artisanat, le commerce. Il a fallu des décennies pour que le statut de conjointe soit reconnu et que les femmes qui avaient participé à l'entreprise familiale ne se retrouvent pas avec une seule retraite de réversion en cas de décès du conjoint. Par ailleurs et plus récemment, on a pu noter les propos méprisants d'un ministre de l'éducation qui souhaitait modifier l'encadrement des écoles maternelles au motif qu'il n'était « pas logique » de faire passer des concours « bac +5 à des personnes dont la fonction [serait] essentiellement de faire faire des siestes à des enfants ou de leur changer les couches[68] ».

Or, toutes ces activités ne sont pas mineures, elles sont même essentielles au bon fonctionnement de la société. Si ces fonctions apparaissent comme secondaires, c'est bien parce qu'elles sont assumées par des femmes qui ont en commun, comme le notait Bourdieu[69], « d'être séparées des hommes par un coefficient symbolique négatif qui, comme la couleur de la peau pour les Noirs, ou tout autre signe d'appartenance à un groupe stigmatisé, affecte négativement tout ce qu'elles sont et ce qu'elles font ». Cela s'avère dans tous les domaines. Dans le sport, par exemple, les exploits réalisés par des sportives n'ont jamais la même ampleur que ceux des hommes, quels qu'ils soient. Le sport féminin apparaît toujours comme une sous-catégorie, au motif que les femmes sont moins rapides, qu'elles sont moins fortes, mais aussi que leur jeu serait moins spectaculaire et moins technique. Même quand des footballeuses sont championnes d'Europe[70], aucune grande chaîne de télévision ne retransmet les matchs ; et une seule chaîne (de moindre ampleur) retransmet la demi-finale de la Coupe du monde féminine jouée par les Bleues, alors que la Coupe du monde masculine donne lieu à une véritable hystérie collective bien avant d'atteindre ce niveau dans la compétition.

## La dévalorisation des compétences féminines

On connaît le mot fameux de Françoise Giroud qui disait que l'égalité serait atteinte quand on nommerait des femmes incompétentes à des postes importants. Comme on vient de le voir, les femmes sont d'emblée affectées d'un coefficient négatif qui dévalorise ce qu'elles font ou ce qu'elles sont. Ce coefficient symbolique affecte aussi les exigences que les employeurs ont envers elles. Sabine Fortino, spécialiste de la mixité au travail, constate que lorsque des femmes intègrent des métiers, elles le font avec un bagage scolaire beaucoup plus élevé que les hommes : « La qualification au féminin doit être prouvée, établie. L'expérience antérieure, les réseaux, les cooptations ne fonctionnent pas (ou mal) au féminin. Cela reste du domaine du masculin. C'est le diplôme, et pour être plus précise, le diplôme spécialisé qui est la porte d'entrée pour les femmes. Par exemple, pour être électricien, si vous avez un diplôme technique, vous pourrez être sans doute embauché – l'entreprise comptant sur les capacités des hommes à évoluer, se former en interne, par exemple. Mais pour être électricienne, il faut avoir un diplôme d'électricienne. C'est une tendance très lourde dans de nombreux secteurs. La qualification féminine doit s'éprouver à deux niveaux : d'abord par le titre et ensuite par la spécialité[71]. »

La compétence d'une femme qui brigue un poste sera plus fréquemment mise en cause. On a pu le constater lors de l'élection présidentielle de 2007. Ségolène Royal avait une expérience politique en tant que députée, ministre et présidente d'un conseil régional ; néanmoins, ses compétences ont souvent été mises en cause, ce qui n'a pas été le cas pour François Bayrou – lequel a été député, ministre et dirige un parti politique.

## La prédominance néfaste de l'apparence

C'est un point sur lequel Brigitte Grésy tient des propos clairs : « En toutes circonstances, même les plus officielles, les hommes on les écoute ; les femmes on les regarde[72]. » Marianne, dans le roman de Marivaux (*La vie de Marianne*), l'exprimait déjà au 18$^{e}$ siècle : « Nous autres jolies femmes, car j'ai été de ce nombre, personne n'a plus d'esprit que nous quand nous en avons un peu : les hommes ne savent plus alors la valeur de ce que nous disons ; en nous écoutant parler, ils nous regardent, et ce que nous disons profite de ce qu'ils voient. »

Lorsqu'une femme prend la parole dans une assemblée, c'est en premier lieu son apparence qui est scrutée : est-elle jolie ? Jeune ou vieille ? Habillée avec soin ? Maquillée ? Dans la presse, il n'est pas rare que soient commentées la tenue d'une femme politique (« vêtue d'un élégant tailleur gris ») ou sa nouvelle coiffure. Cela se produit désormais aussi avec les hommes, mais de façon beaucoup plus rare et toujours secondaire par rapport au contenu de leur discours. De plus, pour eux, être laid ou âgé ne présente pas du tout les mêmes inconvénients que pour une femme. On s'intéressera en revanche aux symboles de leur position : voiture, montre, beauté de leur épouse. Le contenu du discours des femmes n'intervient qu'en second et est donc d'emblée dévalorisé : il n'est pas ce qui apparaît comme le plus important.

Il en va de même dans d'autres domaines tels que les arts ou le sport. En 2009, quatre joueuses de l'équipe de France de football ont posé nues dans un magazine. Le titre de l'article demandait : « Faut-il en arriver là pour que vous veniez nous voir jouer ? » Autre exemple : « *Do women have to be naked to get into the Met Museum ?* » (« Les femmes doivent-elles être nues pour entrer au musée ? ») est le slogan d'un groupe féministe activiste américain constitué en 1985, qui attire l'attention sur le fait que si les corps des femmes sont largement représentés, les œuvres réalisées par des femmes sont, quant à elles, étrangement absentes des expositions[73]. Les publicités pour les sports féminins sont instructives de ce point de vue. Il n'est pas question d'y montrer des femmes en sueur ou échevelées. Il semblerait même que les organisateurs, et peut-être certaines femmes elles-mêmes, aient peur que les joueuses apparaissent comme trop masculines. En conséquence, ils n'hésitent pas à en rajouter : d'une part en insistant sur leurs courbes – comme si les filles n'avaient pas besoin de muscles pour faire du sport –, d'autre part en les affublant fréquemment d'accessoires typiquement féminins, notamment de chaussures à talons, bien entendu inadaptées à tout type de sport. C'est de façon tout à fait réfléchie que la Fédération internationale de badminton a rendu obligatoire en 2011[74] le port d'une jupette pour les joueuses engagées dans des compétitions. Cette décision a été prise à la suite du résultat d'un audit commandé pour rendre ce sport plus populaire, notamment chez les femmes. La fédération a donc cautionné l'idée que le public qui assiste à des compétitions sportives féminines n'est pas seulement intéressé par les prouesses techniques, mais souhaite également en profiter pour regarder de jolies femmes. Par ailleurs, la tenue obligatoire des joueuses de beach-volley en compétition est depuis longtemps relativement dénudée puisqu'il s'agit d'un… bikini. Il est imposé au prétexte que le beach-volley est un sport de vacances pratiqué au bord de l'eau. Or, pour les joueurs, la tenue de compétition est un short et un débardeur : à bon entendeur...

Les femmes elles-mêmes accordent une grande importance à leur apparence et à celle des autres femmes. C'est compréhensible puisqu'elles savent qu'elles seront observées. Là encore, elles se conforment à ce que l'on attend d'elles, du fait de leur éducation mais aussi du fait des *feedbacks* qu'elles reçoivent en permanence.

## COMMENT FONT CELLES QUI RÉUSSISSENT ?

Nous venons de voir à quels obstacles spécifiques se trouvent confrontées les femmes qui souhaitent monter dans une hiérarchie. Il est pertinent d'examiner comment font celles qui réussissent à dépasser le plafond de verre.

Le cabinet Hudson a étudié cette question en analysant les résultats d'un questionnaire de personnalité soumis à des dirigeants hommes et femmes[75]. Il s'agissait, d'une part, de comparer les profils de cette population avec ceux figurant dans la base de données Hudson, et d'autre part, de déterminer si les femmes ayant des rôles de leaders se comportaient différemment des hommes. De façon générale, il apparaît que les différences hommes-femmes sont limitées, même si les femmes accordent un peu plus d'attention aux personnes et aux questions liées à la performance, tandis que les hommes semblent attacher davantage d'importance au contrôle des émotions et sont plus d'attentifs à l'environnement. En outre, les réponses au questionnaire font clairement apparaître des caractéristiques propres aux dirigeants. Les femmes cadres dirigeantes présentent des profils qui se rapprochent davantage de ceux de leurs homologues masculins en position de leadership que de ceux des autres femmes – dont elles sont à l'opposé pour certains items. Les hommes dirigeants ont des scores significativement plus élevés dans le domaine de l'extraversion. Ils se décrivent comme des chefs avec beaucoup d'impact et de fortes opinions personnelles axées sur la réalisation de leurs objectifs à long terme. Ils sont moins attentionnés et se concentrent moins sur les détails. Les femmes dirigeantes présentent les mêmes types de profils, mais s'en distinguent quelque peu : les jeunes cadres dirigeantes sont plus altruistes et favorisent le travail en équipe, tandis que les femmes plus expérimentées affichent une plus grande ouverture d'esprit et un leadership réfléchi.

En conclusion, pour accéder au pouvoir aujourd'hui, les femmes ont plutôt intérêt, tout en conservant certaines spécificités, à se conformer au modèle en vigueur, qui est celui construit par les hommes. Nous allons à présent tâcher de comprendre comment leurs propres comportements contribuent à les pénaliser dans la vie sociale et professionnelle. Comment elles gèrent la double contrainte qui consiste à devoir faire comme les hommes, tout en étant « féminines, souriantes, sympathiques, attentionnées, soumises, discrètes, retenues, voire effacées[76] ».

Troisième partie

# Les femmes actrices de leur propre changement

Les enfants sont formatés par les réactions de leur entourage. Ils constatent que certains comportements génèrent des félicitations et des encouragements et évidemment, ils en concluent que ceux-là sont désirables ; d'autres donnent lieu à des remontrances, et ils comprennent qu'il est préférable de s'en abstenir. Et comme spontanément, ils refont ce qui a été valorisé et évitent ce qui a été déprécié, c'est petit à petit une multitude d'habitudes qu'ils prennent, de schémas de pensées qui s'enracinent.

Mais l'éducation des enfants n'est pas qu'une suite de remontrances ou de félicitations. Le plus souvent, aucun jugement de valeur n'est formulé. Simplement, les enfants enregistrent sans y prêter attention que lorsqu'ils lèvent le doigt en classe, l'enseignant leur donne plus ou moins la parole, que selon leur coiffure ou leurs vêtements, leurs ami(e)s les envient ou se moquent d'eux, qu'à la fin des repas de famille, les femmes discutent en faisant la vaisselle, tandis que les hommes parlent au salon, qu'à la télé ou sur les affiches, les filles exhibent des corps parfaits alors que les hommes expriment des opinions, etc.

À partir de cela, ils construisent une vision du monde dans laquelle ils s'emploient à trouver leur place.

Parmi les multiples aspects de la personnalité des enfants, l'un des moins discutés, parce qu'il apparaît à tous comme une évidence, est leur genre. Ils se conforment donc d'autant plus facilement aux attentes de leur environnement, attentes différentes selon que l'enfant est fille ou garçon. Ce sont des milliers d'apprentissages, de réactions, d'observations qui sont imperceptiblement intégrés, y compris dans les mouvements du corps où s'inscrit une certaine façon de déployer de l'énergie, de courir, de s'asseoir, de regarder dans les yeux, de poser sa voix.

Nous avons vu dans la première partie comment se forgeait cette vision du monde et dans la deuxième partie comment la société des adultes maintenait les inégalités entre les hommes et les femmes.

Il nous reste à voir comment les femmes devenues adultes reproduisent et pérennisent ce qu'elles ont intégré enfants et comment elles-mêmes appliquent à toute réalité, et, en particulier, aux relations de pouvoir dans lesquelles elles sont prises, des schèmes de pensée qui sont le produit de l'incorporation de ces relations de pouvoir[1].

Notre objectif n'est pas de les culpabiliser, ni de les rendre responsables de cette situation. Mais il faut bien, pour briser le cercle vicieux des stéréotypes, que ces derniers soient remis en cause. En vertu du proverbe qui veut que l'« on n'est jamais si bien servi que par soi-même », l'intérêt bien compris des femmes est donc de modifier leurs propres habitudes pour accélérer le changement.

# 5

# Compter sur soi-même

Pour arriver à dépasser le plafond de verre, les femmes doivent bien entendu compter sur les lois qui obligent les entreprises ou les partis politiques à l'équité et sur les politiques publiques qui permettent une meilleure prise en compte de la maternité. Mais pour vaincre les obstacles liés aux mentalités et aux stéréotypes, elles doivent d'abord compter sur elles-mêmes.

Car il est peu vraisemblable que les hommes déjà en place cèdent celle-ci de bonne grâce. Quant aux hommes issus des jeunes générations, qui ne semblent pas concernés pour l'instant, ils le seront le jour où ils constateront que le corollaire de « plus de femmes aux sommets » est « moins d'hommes aux sommets ». On entend d'ailleurs régulièrement des propos exprimant l'opinion selon laquelle les quotas auraient pour conséquence d'éliminer des hommes compétents au profit de femmes qui auraient pour seul mérite d'être femmes et donc d'avoir indûment bénéficié de l'avantage apporté par ces quotas. Ceux qui tiennent ces propos ne se sont visiblement jamais interrogés sur les femmes très compétentes évincées pour la seule raison qu'elles étaient de sexe féminin. Il est vrai que ces « quotas »-là ne sont pas officiels.

La première chose à faire consiste donc pour les femmes à prendre conscience de leurs propres comportements et des façons de penser qui les desservent dans l'accès aux postes supérieurs.

Les études menées sur le sujet proposent toutes parmi les bonnes pratiques des programmes destinés aux femmes et visant à les faire réfléchir et travailler sur leurs comportements.

- C'est le cas de l'Observatoire de la responsabilité sociétale des entreprises[2] (ORSE), qui consacre deux fiches de son mémento sur les pratiques d'égalité professionnelle entre les femmes et les hommes dans les entreprises aux dirigeants et hauts potentiels.
- C'est le cas aussi de l'étude McKynsey, qui montre que certains types de leadership sont plus efficaces que d'autres, et que de façon générale, les comportements qui renforcent la performance sont plus souvent pratiqués par les femmes. Elle en conclut que la mixité managériale est un avantage concurrentiel. Elle dresse la liste des outils à mettre en œuvre pour parvenir à cette mixité, parmi lesquels figurent en bonne place formation et coaching.
- C'est ce que préconise une étude[3] menée par l'association Grandes écoles au féminin (GEF), qui réunit des représentantes des associations d'anciens élèves de neuf grandes écoles : Centrale Paris, ENA, ENPC, ESCP Europe, Essec, HEC, Insead, les Mines et Polytechnique.
- Brigitte Grésy[4], également, a retenu comme l'un des leviers pour l'égalité professionnelle et salariale entre les femmes et les hommes aux fonctions de direction « l'organisation de formations pour les femmes axées sur la négociation, la prise de décision et l'affirmation de soi ».

Nombre d'entreprises souhaitant atteindre l'égalité entre hommes et femmes, notamment parmi les très grandes, ont mis en place de telles actions. Il s'agit généralement de programmes de formation et/ou de coaching collectifs sous forme de groupes de partages d'expérience. Ils sont plutôt destinés aux cadres mais pourraient bien évidemment concerner tous les salariés.

Citons à titre d'exemple :

- GDF-Suez, qui a mis en place un réseau Women In Networking (WIN). L'entrée dans le réseau se fait par des sessions de sensibilisation au leadership féminin.

- Accenture, entreprise internationale de conseil en management, qui a développé un programme spécifique « Accent sur Elles », également proposé à ses clients. La création de réseaux, de formations ciblées, de coaching, la clarification des règles du jeu et des comportements gagnants y tiennent une bonne place.
- La Société générale, qui a intégré dans ses parcours managériaux deux formations spécifiquement destinées aux femmes.

Ces programmes peuvent être réservés aux femmes sur le thème du développement de leur leadership, mais de plus en plus souvent, ils sont mixtes, avec le souci de sensibiliser aussi les hommes et de permettre, à partir d'échanges ou de jeux de rôle, de mettre en évidence les conceptions du monde et les attitudes différentes des unes et des autres.

## REPÉRER LES SIGNAUX

Toute femme qui souhaite s'engager dans une telle démarche peut commencer par repérer ce qui se passe pour elle-même. Chaque fois qu'elle a du mal à faire valoir un point de vue, *a fortiori* chaque fois qu'elle a le sentiment de ne pas être considérée à la hauteur de ses compétences, la question qu'elle doit se poser est la suivante : « Si j'étais un homme, cela se passerait-il de la même façon ? »

Étant moi-même coach, j'ai pris le parti de la poser systématiquement et même assez rapidement, lors de la première ou de la deuxième séance, dans le cadre des coachings individuels de femmes (qui sont toutes cadres supérieurs).

Il est rare qu'elle n'ouvre pas un champ surprenant de réflexions, et si le fait d'être une femme n'explique pas, bien évidemment, les problématiques apportées en coaching, on constate la plupart du temps des interférences. Se poser la question de cette façon permet de prendre conscience du fait que nos interlocuteurs ne nous ont pas traitées exactement de la même façon qu'ils l'auraient fait avec un homme, et surtout que nous les avons laissés faire.

Les réponses qu'elle amène sont aussi variées que :

- « On ne m'aurait pas parlé avec ce ton. »
- « On ne m'aurait pas coupé la parole. »
- « On n'aurait pas osé me dire cela, ou pas comme cela en tout cas. »
- « Il a parlé à ma place. »
- « C'était moi qui avais préparé l'essentiel de ce dossier, mais c'est lui qui l'a présenté en comité de direction. »
- « J'ai eu le sentiment d'être transparente, invisible. »
- « On m'a embauchée parce que j'avais un diplôme juridique, mais mes collègues masculins qui font le même travail ne sont pas aussi diplômés. »

Même à un niveau hiérarchique élevé, le respect et la considération ne sont pas identiques. C'est impalpable, indéfinissable, puisqu'il ne s'agit pas là de propos à proprement parler sexistes. Il s'agit juste d'un ton un peu condescendant ou du sentiment que ce qu'on dit a moins d'importance :

- « Il n'a absolument pas relevé mes propos. »
- « Il a répondu à untel, mais pas à moi. »
- « Il m'a dit que j'avais un beau sourire. »
- « Je l'ai laissé parler puisqu'il avait l'air d'y tenir. »
- « Je n'ai pas insisté, je n'étais pas sûre à 100 %. » (Là, il serait bon de se demander si les autres sont sûrs à 100 %…)

La vigilance et le décryptage de ce qui se passe au vu et au su de tous, mais que tout le monde semble ignorer, est la première étape vers le changement : il faut se mettre à l'affût de toutes ces micro-discriminations afin de pouvoir les contrer.

En séances de coaching en groupes, il est possible de pratiquer des exercices de présentation de soi, de présentation de projet ou des jeux de rôle. L'observation des autres participantes permet de se rendre compte de ce dont on n'a pas soi-même conscience. Il est frappant par exemple d'entendre combien les femmes minimisent leurs réalisations, même lorsque la consigne précise « présenter l'une des réussites dont vous êtes fière en vous en attribuant le plus de mérite possible ». Elles le font notamment en insistant sur les actions de leurs collaborateurs ou le soutien que leur ont apporté des partenaires, ce qui part d'une intention louable et démontre qu'elles veillent à la reconnaissance donnée, mais les dessert lorsqu'il s'agit de se mettre en avant.

C'est grâce aux échanges qui s'ensuivent qu'il leur devient possible de s'interroger sur l'impact de leurs propos et de tester d'autres façons de faire.

On peut également, au cours de ces séances, explorer les forces et les faiblesses de chacune, ses acquis, et constater alors combien elles sont exigeantes envers elles-mêmes et ont le sentiment de devoir faire leurs preuves encore et encore.

L'image renvoyée par les autres membres du groupe et la comparaison avec les autres permettent de resituer à chacune ses diplômes, son expérience, en un mot, sa valeur sur l'échelle des compétences.

## RÉFLÉCHIR À CE QUE L'ON VEUT

Une fois les signaux repérés, c'est ensuite l'occasion de réfléchir à ce que l'on souhaite vraiment pour soi. Souvent, les femmes expriment leur désintérêt pour les jeux de pouvoir tels qu'ils se pratiquent. Est-ce parce qu'elles considèrent qu'elles ont mieux à faire ou parce qu'elles les trouvent puérils ?

Quelques propos entendus :

- « Je préfère privilégier l'efficacité. »
- « Je n'ai pas besoin d'avoir l'air d'être quelqu'un d'important. »
- « Pour arranger, j'ai accepté de ne pas avoir de place de parking, alors qu'ils se sont tous battus pour en avoir une. »
- « Si je me bats pour avoir un téléphone portable, j'ai l'impression que ça fait pleureuse/enfant gâtée. »

En faisant cela, elles renoncent aux symboles du pouvoir et perdent en importance aux yeux des autres. C'est un mode de fonctionnement pénalisant pour qui a de l'ambition.

Les sessions de coaching sont toujours espacées de trois ou quatre semaines. Ce temps est mis à profit pour :

- Observer avec précision ce qui se passe au cours de certains échanges : par exemple, qui prend la parole en réunion ?, par quels mots débutent les prises de parole ?, qui se place à côté de qui à table ?, etc.
- Observer ses propres comportements.
- Tester des pratiques différentes : ne pas intervenir, ou au contraire intervenir davantage, rebondir sur certains types de propos.

Globalement, il s'agit pour chacune de décrypter et éventuellement de modifier son fonctionnement.

# 6

# Comment les femmes se limitent elles-mêmes

On peut classer en six grandes catégories les comportements pénalisants que les femmes s'appliquent à elles-mêmes :

- elles se sous-estiment ;
- elles ne se sentent pas légitimes ;
- elles ont peur de ne pas être perçues comme féminines ;
- elles sont mal à l'aise face à la compétition ;
- elles sont davantage centrées sur la tâche ;
- elles prennent moins de risques.

## ELLES SE SOUS-ESTIMENT

Christian Baudelot et Roger Establet, sociologues, l'ont résumé d'une formule lapidaire : « La moindre confiance en soi des filles et la surestimation de soi des garçons nous frappent[5]. » Mais ce phénomène est connu depuis assez longtemps.

L'estime de soi, c'est-à-dire le niveau auquel nous nous évaluons, est un paramètre important de notre qualité de vie. Une bonne estime de soi, outre qu'elle contribue à nous rendre plus heureux, nous apporte confiance en nous et constitue un moteur essentiel de nos activités. Nous nous lançons plus facilement lorsque nous pensons que nous avons toutes les qualités nécessaires pour réussir. Les fondements de la confiance en soi sont construits très tôt dans l'enfance, et, par chance, elle peut évoluer tout au long de la vie.

Or, toutes les études sur le sujet démontrent que les femmes ont une moins bonne estime d'elles-mêmes que les hommes :

- en moyenne, les hommes estiment leur QI à 118, alors que les femmes l'estiment à 112[6] ;
- lorsqu'on demande à des étudiants de prédire leurs prochaines notes, les garçons la surestiment systématiquement, ce que ne font pas les filles[7] ;
- lorsqu'on demande à des lycéens une estimation de leur niveau en mathématiques, une distorsion apparaît nettement : les garçons « forts » (selon leurs notes) s'estiment à 84 % « bon » ou « très bon » alors que les filles « fortes » se jugent à 55 % « bonne » ou « très bonne » et à 35 % « assez bonne »[8] ;
- les femmes qui passent des concours ont un niveau de diplôme plus élevé que celui des hommes[9].

On trouve ici les conséquences logiques de ce que nous avons vu dans les chapitres précédents, puisque depuis leur plus tendre enfance, les femmes ont appris qu'elles méritaient moins d'attention, notamment de la part de leurs professeurs, qui commentaient et valorisaient moins souvent leurs interventions. Elles ont eu beau dépasser les garçons à l'école dans la quasi-totalité des matières, il a fallu attendre deux décennies pour reconnaître que depuis les années 1960 leurs résultats scolaires devançaient de façon générale ceux des garçons. Aujourd'hui encore, on laisse entendre que si elles ont de bons résultats, c'est parce qu'elles ont beaucoup travaillé, plutôt que grâce à leur personnalité et leurs capacités personnelles. Il n'est donc pas vraiment étonnant qu'elles doutent d'elles-mêmes.

D'autres études permettent d'affiner ces données et de mieux comprendre comment la confiance en soi des filles est altérée. Elle est en effet plus dépendante de l'environnement. Si les hommes ont plus tendance que les femmes à surestimer leurs notes, ils le font encore davantage en public, alors que c'est l'inverse qui se produit pour les femmes. Leur confiance en elles est davantage influencée par les commentaires qui viennent des autres[10].

Cela s'observe en situation de test : on demande à des étudiants, quelques minutes après qu'ils ont commencé à répondre à des questions, une estimation de leurs résultats. Après quoi on fait un commentaire sur leurs premières réponses : ce commentaire est de façon aléatoire soit positif, soit négatif. Le test se poursuit et lorsque à la fin, on leur demande une seconde autoévaluation, on constate que les commentaires ont assez peu modifié la confiance en eux des garçons. En revanche, celle des filles a été nettement influencée. Elle augmente après des commentaires positifs et chute après des commentaires négatifs[11].

Prenons un autre exemple : des étudiantes auxquelles on demande de prédire leur note la sous-estiment plus facilement si l'une d'entre elles a déjà annoncé avoir reçu une note basse[12]. Une conclusion souvent retenue par les auteurs de ces études est que les femmes savent qu'elles sont compétentes, mais préfèrent se montrer modestes puisque c'est ce qui leur a été inculqué. Cependant, une autre hypothèse a pu être validée par une expérience : la comparaison avec les garçons les rend moins sûres d'elles.

Rappelons cette expérience réalisée à l'université de San Francisco. Elle montre que lorsque les élèves sont prévenus que des ultrasons présents sont susceptibles d'augmenter l'anxiété, les notes des filles en sont améliorées. Les chercheurs en ont conclu que la présence de garçons augmentait le niveau d'anxiété des filles. Le fait d'expliquer les signes métaboliques de l'anxiété par un élément extérieur leur permettrait de la surmonter[13].

C'est probablement cette même appréhension d'être comparées aux garçons qui explique leur moindre réussite à un concours très sélectif comme celui d'HEC. Une étude menée sur les résultats de 2005 et 2006 observe que si les candidates ont de meilleurs dossiers (mentions au bac supérieures notamment), elles y réussissent moins bien. Pourtant, « celles qui l'ont réussi obtiennent en première année en moyenne des notes d'examen supérieures à celles de leurs congénères masculins[14] »...

Dans la mesure où le décalage apparaît dès l'écrit, les chercheurs qui ont travaillé sur ce sujet avancent comme hypothèse la plus plausible le fait que les femmes souffriraient davantage dans un « environnement concurrentiel ».

## En résumé

Les femmes se sous-estiment, notamment lorsque l'environnement leur adresse des messages peu encourageants. L'impact est négatif sur leur carrière chaque fois qu'elles doivent anticiper un résultat, c'est-à-dire envisager un nouveau poste, briguer une promotion, se proposer pour diriger un projet.

Elles hésitent à postuler, car elles craignent de ne pas être à la hauteur, elles pensent qu'elles ont moins de qualités, de compétences ou d'expérience que d'autres, qu'elles n'ont pas encore assez fait leurs preuves. Et comme elles sont sensibles aux commentaires qui pourront être faits à leur encontre, elles préfèrent plus souvent que les hommes s'abstenir plutôt que paraître trop présomptueuses.

En cas d'échec, elles hésitent plus que les hommes à tenter une nouvelle candidature. Elles renoncent en se disant que de toute façon, elles n'avaient aucune chance. Mathématiquement, à compétences égales, elles sont donc en fin de course moins souvent nommées.

L'une des explications réside aussi dans le fait que le regard qui est porté sur elles est *a priori* suspicieux dès qu'elles s'aventurent dans des activités connotées comme masculines.

## ELLES NE SE SENTENT PAS LÉGITIMES

Dans n'importe quel secteur d'activité, il est toujours beaucoup plus difficile de s'imposer pour une personne qui ne correspond pas aux stéréotypes. Spontanément, nous n'assignons pas les mêmes types de tâches aux gens selon leur sexe[15], comme cela a été détaillé en première partie, et qui veut transgresser cette barrière est *a priori* considéré comme moins compétent ou « pas à sa place ». Cela ne concerne pas que les femmes, mais aussi les hommes suspectés de ne pas savoir bien s'occuper des enfants lorsqu'ils souhaitent devenir, par exemple, assistant maternel.

Comme cette directrice qui a décidé de changer ses cartes de visite qui la désignaient comme « directrice », pour des cartes sur lesquelles figurait la fonction de « directeur », parce que, disait-elle, « j'ai compris que je considérais que "directrice", c'était inférieur à "directeur" ».

Puisque les femmes apparaissent comme n'étant pas à leur place dans les taches traditionnellement masculines, elles peuvent se sentir illégitimes en les exerçant. Elles savent au fond qu'elles ont davantage à faire leurs preuves et surtout qu'en cas d'échec, elles risquent de s'entendre reprocher de s'être lancées sans avoir fourni toutes les garanties indispensables.

De façon subtile, elles se laissent assigner sans discuter, même si ce n'est pas vraiment leur choix, certaines missions sans que leurs compétences réelles aient été vérifiées.

Une expérience montre bien comment fonctionne ce processus d'assignation : des paires d'étudiants doivent réaliser un exercice simple, chaque paire étant constituée d'un garçon et d'une fille, ce qu'ils ignorent. Les étudiants de chaque paire ne se rencontrent pas : ils ne peuvent ni se voir ni se parler. Les expérimentateurs leur fournissent à propos de leur partenaire des informations qui ne sont pas toujours exactes, notamment celle qui concerne leur genre. On observe après coup que les femmes choisissent d'effectuer des tâches plus masculines lorsque leur partenaire masculin pense qu'il travaille avec un autre homme[16]. Le choix des tâches par une personne dépendrait de l'idée que se font de son genre ses partenaires ! Donc sans rapport avec la réalité.

Il est un domaine où cette crainte du manque de légitimité apparaît clairement, c'est celui des médias. Lorsqu'on demande aux journalistes pourquoi ils invitent si peu de femmes expertes, ils évoquent le fait que lorsqu'ils contactent des femmes, celles-ci refusent souvent.

Bien sûr, ils adoptent des solutions de facilité, notamment lorsqu'il s'agit de trouver un intervenant sur un sujet d'actualité : ils ont peu de temps pour cela et se contentent, pour aller au plus rapide, de piocher dans leur carnet d'adresses ou celui de leurs collègues – carnets d'adresses bien davantage remplis de noms masculins. Comme ils cherchent par l'intermédiaire de leurs réseaux, ceux-ci leur indiquent « naturellement » des hommes.

Mais il est vrai également que lorsqu'ils sollicitent des femmes, celles-ci refusent bien plus souvent que les hommes, lesquels acceptent généralement l'honneur qui leur est fait et l'opportunité qui leur est donnée. Les femmes, elles, s'interrogent sur le risque qu'elles prennent en s'exposant dans un média : sont-elles assez compétentes ? Et si elles disaient une bêtise ? Et si elles ne savaient pas répondre à une question ? Elles ont en tête également l'idée que d'autres sont plus compétents et qu'elles ne voudraient pas usurper une place.

En revanche, dans les rubriques beauté, famille ou organisation de la maison, elles se sentent tout à fait à leur place et se retrouvent donc nombreuses dans ces domaines où elles sont certaines que personne ne mettra en question leur légitimité.

## En résumé

Les femmes ne se sentent pas légitimes pour revendiquer une place dans les instances pour lesquelles les hommes les sollicitent peu. C'est le cas des gouvernements, comités de direction, groupes de travail ou de réflexion stratégique, etc. Elles ne se sentent pas suffisamment importantes pour s'autoriser à réclamer une participation.

Elles ne se sentent pas légitimes non plus pour intervenir devant un public, présenter une réalisation, donner une explication, défendre un projet.

Un grand nombre de réunions sont tout autant une scène de théâtre qu'un lieu de travail. Il s'agit d'y faire la démonstration de ses compétences, mais aussi de son leadership. À ce titre, la durée de parole et l'influence qu'un intervenant semble avoir sur les autres sont un indicateur de ce leadership. Indicateur qu'il convient donc de soigner. Or, les femmes le négligent :

- Lorsqu'elles prennent la parole, elles la gardent moins longtemps et quand on leur demande quelles en sont les raisons, elles en évoquent plusieurs : elles ne veulent pas faire perdre de temps aux autres, elles trouvent inutile de répéter ce qui a déjà été dit sans apporter de plus-value au débat, elles ne sont pas sûres d'être écoutées et entendues. En fait, elles n'ont pas conscience que le seul fait d'avoir été invitées à cette réunion suffit à considérer que leur avis a autant de valeur que celui des autres.
- Non seulement elles parlent moins longtemps que les hommes, mais elles se laissent couper la parole. Or, se laisser couper la parole signifie l'acceptation de la supériorité de l'autre.
- Elles commencent plus souvent leurs propos par des phrases qui les minimisent d'emblée : « excusez-moi », « je ne voudrais pas être trop longue », sans se rendre compte que ce qui pourrait être une politesse est en réalité une dévalorisation de ce qu'elles vont dire. Elles utilisent davantage de mots tels que « petit »,

« un peu », « essayer ». Or, si on n'est pas soi-même convaincu de l'importance de ce qu'on a à dire, il est difficile d'en convaincre les autres. Ces prises de parole sont pourtant l'occasion d'occuper le terrain, de se faire connaître et de faire savoir ce que l'on fait.

- Elles se justifient davantage, se sentant obligées d'expliquer leurs positions ou leurs décisions. Or, si l'adhésion nécessite bien évidemment la compréhension, à trop vouloir expliciter, il arrive que l'on suscite le doute et que l'on affaiblisse son propos.
- Elles ne cherchent pas à se faire remarquer. Sheryl Sandberg[17] raconte ainsi comment elle a observé à l'issue d'une réunion importante que les hommes se précipitaient pour se trouver à la table de l'invité le plus prestigieux, alors que les femmes s'asseyaient autour des tables les plus éloignées du centre. Elle en a déduit un conseil judicieux : « Asseyez-vous à la table. » Ce qui implique aussi dans ce cas précis de savoir jouer des coudes !
- Elles se laissent impressionner pour avoir entendu dire qu'une autre personne était mieux placée et avait davantage de chances d'obtenir un poste ou une fonction qu'elles convoitent.

Les femmes qui parviennent à grimper dans la hiérarchie ont probablement dépassé ces stades. Elles ont une bonne estime d'elles-mêmes et ont réussi à faire valoir leurs qualités propres, notamment celles qui relèvent du leadership. Mais elles ont eu également à résoudre la question de la féminité. Question qui se pose avec acuité pour toutes les femmes.

## ELLES ONT PEUR DE NE PAS ÊTRE PERÇUES COMME FÉMININES

Nul ne sait en quoi consiste la féminité. Si hommes et femmes vivent des réalités biologiques différentes, celles-ci, au regard de ce qu'est la vie dans les sociétés occidentales du 21$^{e}$ siècle, ont des incidences limitées. Seules les activités de reproduction, c'est-à-dire ce qui concerne la maternité, mais aussi la séduction, ont des conséquences objectives. Pour le reste, dans une société où l'utilisation de la force physique est en grande partie rendue inutile par les machines, les notions de masculinité ou de féminité sont éminemment sociales.

Les hommes ont à prouver leur puissance. Ils doivent être forts, courageux, ne pas pleurer, gagner, savoir prendre des coups et en donner. De façon générale, ils sont valorisés dans leur savoir-faire et jugés à l'aune de leurs actions et de ce qu'ils parviennent à acquérir : un rang, des femmes, une voiture, etc.

La valeur des femmes réside dans leur savoir-être et plus spécialement leur apparence physique. Est également valorisé ce qu'elles donnent : du temps, de l'attention, des soins. Plutôt que fortes, elles doivent être douces et conciliantes.

Chacun s'applique à correspondre aux stéréotypes en vigueur et toute incursion sur le terrain de l'autre est sanctionnée : la fille devient un « garçon manqué » et l'homme une « gonzesse[18] ».

Nous avons vu comment les femmes qui sortent de ce schéma en se mettant en colère, en exigeant, en revendiquant, sont perçues négativement. Leur attitude est décriée car elle déroge à la norme. L'inverse est d'ailleurs vrai (ce qui pourrait également faire l'objet d'un ouvrage...) : un homme n'obtiendra pas les mêmes choses qu'une femme en pleurant ou en demandant de l'aide.

Or, il semble que ce soit là l'une des grandes peurs des femmes : ne plus être assez féminines – corrélativement, les hommes ont peur quant à eux de ne pas être assez virils et passent tout autant leur temps à prouver qu'ils sont bien de « vrais » hommes.

Les femmes s'appliquent à démontrer qu'elles sont bien femmes en laissant une grande part de leur estime de soi passer par leur apparence physique[19].

Difficile de faire autrement, car si on pardonne à une femme d'être laide (ce n'est pas sa faute), on ne lui pardonne pas de ne pas prêter attention à son apparence. Cela sera considéré comme du laisser-aller.

Cela est vrai aussi pour les hommes (de plus en plus), bien que sans commune mesure. La presse féminine, qui chaque semaine étale ses titres promettant d'expliquer comment rester jeune, maigrir ou être à la mode et ses photos de mannequins aux corps parfaits mais « photoshopés », contribue largement à développer ce modèle.

L'exemple des sportives est à cet égard tout à fait instructif. S'il est bien une activité au cours de laquelle il est difficile de rester féminine et « soignée », qui fait transpirer, qui salit, qui décoiffe, qui implique de privilégier des vêtements confortables et adaptés plutôt que seyants, c'est le sport.

De plus, pratiqué de façon intensive dans un but de compétition, il modèle la silhouette et certains sports, en développant les épaules ou les mollets, sculptent un corps qui s'éloigne alors sensiblement de la norme actuelle des filles minces et diaphanes. Or, une apparence de puissance n'est pas conforme aux critères de la féminité.

C'est pour cette raison que la plupart des affiches annonçant des manifestations sportives féminines s'emploient à rassurer les spectateurs en ajoutant par exemple des chaussures à talons aiguilles à côté d'une chaussure de sport – le talon aiguille apparaissant de nos jours comme l'un des stéréotypes les plus communs, avec les ongles longs et vernis, de la féminité.

L'erreur provient de la confusion qui est faite entre être une femme et être féminine. Citons le cas de certaines femmes qui n'ont jamais osé s'imposer et adoptent même ce que certaines auteures appellent[20] « le syndrome de la petite fille ». Il s'agit d'un type de comportement particulier utilisé par des femmes qui se comportent de façon « soumise » (difficulté à imposer son point de vue, à dire non, sourire permanent, voix haut perchée, etc.). Cette attitude peut présenter des avantages et peut même faciliter une embauche ou une promotion. Mais passé un certain âge et un certain niveau de responsabilité, elle devient tout à fait inadaptée. Personne n'envisage sérieusement de confier des responsabilités importantes à une petite fille. Ces personnes font une interprétation erronée de ce qu'est une femme, et malheureusement, elles répondent à l'image que beaucoup se font de la féminité.

## En résumé

La peur de ne pas être perçues comme féminines retient les femmes toutes les fois où elles n'osent pas : se mettre en colère, revendiquer, râler, parler ou rire trop fort. Elles ont peur de paraître arrogantes ou déplacées, et nous avons vu que le risque était en effet réel.

Les femmes font également autre chose que ne font pas les hommes : non seulement elles ont moins d'ambition (48 % des hommes se considèrent comme ambitieux ou extrêmement ambitieux, pour seulement 35 % des femmes ; 15 % des femmes hautement qualifiées souhaitent accéder à un poste ayant du pouvoir alors que 27 % des hommes expriment ce souhait[21]), mais quand elles en ont, elles préfèrent rester discrètes. Il n'est pas rare d'entendre une femme que l'on félicite pour une promotion se justifier en invoquant la chance, un concours de circonstances ou insister seulement sur le fait que ce nouveau travail lui plaît beaucoup, plutôt que d'afficher sa fierté d'avoir été distinguée et de voir ses compétences et ses efforts récompensés.

Elles essayent ainsi de répondre à la double contrainte que nous avons détaillée dans la deuxième partie. Elles ont de l'ambition, elles font ce qu'il faut pour progresser mais en essayant de ne pas paraître trop combatives ou trop contentes d'elles-mêmes.

Malheureusement, il est très difficile de sortir de cette contradiction. Puisque les mêmes armes ne donnent pas les mêmes résultats selon qu'elles sont utilisées par des hommes ou par des femmes, il n'existe pas d'autre solution que de faire en fonction de sa personnalité.

C'est un domaine où le coaching collectif présente un intérêt certain. D'une part, il donne l'occasion de savoir ce que l'on ressent en se comportant autrement que d'habitude et en trouvant des modes d'expression congruents avec sa personnalité ; d'autre part, il permet de recevoir un *feedback* des autres participants de la session et souvent de s'apercevoir par exemple que, alors qu'on se croyait très arrogante, on a juste été perçue comme affirmative.

Cela évoluera au fur et à mesure que davantage de femmes se trouveront en situation de décider, puisque ce sont les hommes qui sont les plus critiques envers les femmes, notamment au moment des recrutements. Le jury de l'ENA avait par exemple noté dans son rapport 2008[22] que l'une des explications de l'échec le plus important des filles à l'oral était que soit les jeunes filles apparaissaient comme trop réservées et peu sûres d'elles, soit elles affichaient le tempérament contraire : « Le sentiment persistant est tout de même qu'il est difficile pour les candidates du concours externe de trouver un juste équilibre aux yeux des membres du jury, entre l'excès de timidité, défaut le plus fréquemment perçu, mais aussi parfois le reproche inverse d'un autoritarisme, comme si le jury craignait que le premier défaut soit en quelque sorte surcompensé. » Le rapport concluait, conscient du fait que le jury n'était peut-être pas neutre : « Il faut enfin avoir la franchise d'observer, au vu des résultats statistiques depuis 2002, que l'évolution vers la parité est plus nette lorsqu'une femme préside les jurys, comme en 2002, 2005 et 2008. Il est d'autant plus dommage que ce ne soit le cas qu'une année sur trois. »

Toute institution, toute société qui souhaite progresser sur le thème de l'égalité doit absolument prendre en compte ce paramètre et pour cela veiller à la composition des instances de décision : jurys de concours, jurys de recrutement, instance qui choisit les participants d'une commission, d'un groupe projet…

Les femmes doivent de leur côté veiller à ne pas compter sur le fait d'être une femme ni sur leur apparence physique (ce qui ne signifie pas ne pas y prêter attention si on en a le souhait[23]), ni sur leur prétendue fragilité. Les hommes sont souvent prêts à porter assistance à une femme. Cela peut être utile, c'est même quelquefois très agréable, mais c'est contreproductif pour qui vise un poste avec des responsabilités élevées. Pour cela, il est recherché des profils de personnes solides, capables de faire front en toute situation et de démontrer de l'autorité – et de la pugnacité, car les places hiérarchiquement les plus élevées font l'objet d'une compétition acharnée dans un mode d'organisation pyramidale dans lequel plus on monte, plus les places se font rares.

# ELLES SONT MAL À L'AISE FACE À LA COMPÉTITION

Dès l'âge de 3 ans, les expériences des filles et des garçons divergent et ceux-ci arrivent à l'âge adulte bien mieux entraînés et préparés à la compétition. Les garçons bénéficient de l'expérience que leur ont procurée leurs jeux ainsi que les encouragements à être le meilleur.

Encore une fois, la cour de récréation constitue une métaphore éclairante de ce qui se passera ensuite dans la vie des adultes.

Les petits garçons occupent l'espace central ; les filles, en plus petits comités, investissent davantage les coins. Lorsqu'ils jouent au ballon, les garçons se jettent tous dessus en même temps. Les filles jouent moins souvent au ballon, mais lorsqu'elles le font, leur comportement est beaucoup plus réaliste : elles ne s'engagent que lorsqu'elles ont une chance de succès raisonnable. Les petits garçons, eux, sont tous persuadés de gagner et aucun n'hésitera à se relancer dans la mêlée après avoir échoué à attraper la balle. Ils persisteront, même si leurs chances de l'emporter sont faibles. Un seul enfant emportera le ballon, mais on peut prédire que ce sera plus probablement un garçon.

Les filles ont plusieurs raisons de ne pas se jeter sur le ballon :

- elles n'ont pas du tout le même entraînement à ce type de jeux, alors qu'ils constituent une activité importante pour les garçons ;
- elles accordent moins d'intérêt au fait même de l'emporter et plus tard, s'intéresseront par conséquent moins aux hiérarchies ;
- elles sont plus réalistes et renoncent plus facilement.

Elles n'ont pas les mêmes types de jeux, ni les mêmes habitudes. Les garçons sont orientés dès leur plus jeune âge vers des activités comprenant une notion de compétition associée à une plus ou moins grande agressivité.

On sait en effet que :

- dès 3 ans, les garçons aiment les bousculades, les jeux qui consistent à pousser, voire à frapper[24] ;

- les garçons participent trois fois plus que les filles à des activités compétitives en groupe : football, basket[25] ;
- lorsqu'ils sont membres d'une équipe engagée dans une compétition, les garçons sont très sensibles au regard du groupe et à leur contribution à la victoire. La participation effrénée au jeu est pour eux importante car source d'estime de soi. Au cours d'une partie de volley il a ainsi été observé que les garçons s'autofélicitent fréquemment alors que les filles jouent en silence[26].

Les filles ne sont certainement pas sans agressivité : à l'âge de 2-3 ans, elles donnent autant de coups de pied que les garçons, mais par la suite, cette agressivité sera exprimée verbalement plutôt que physiquement.

Plus tard, lorsqu'on donne à un groupe d'enfants des jouets en nombre limité, on observe que les garçons utilisent davantage la force physique en repoussant les autres pour se procurer les jouets, tandis que les filles utilisent la persuasion verbale par des phrases du type « c'est mon tour ».

Les jeux traditionnels des filles tels que la corde à sauter ou la marelle ne sont pas des confrontations directes. Une gagnante peut être désignée, mais ce n'est pas toujours le cas, et surtout la réussite de l'une ne signifie pas l'échec des autres[27]. C'est un peu comme si elles s'employaient à contourner toute bagarre : en remplaçant l'affrontement physique par des affrontements verbaux, mais aussi en évitant de « prendre le dessus » d'une façon trop visible.

Les groupes de garçons et de filles ne fonctionnent pas de la même façon. Les groupes de garçons sont de taille plus importante et au sein du groupe, les rôles sont mieux différenciés. Les garçons sont davantage focalisés sur la recherche de la dominance et du leadership et les filles sur l'établissement de relations intimes[28]. Lorsque des leaders émergent, les garçons qui les reconnaissent font allégeance et ne remettent plus guère en cause leur statut tant qu'ils conservent leur comportement de leader. C'est dès l'école maternelle que les garçons forment souvent des groupes comportant un chef, des sous-chefs, des suiveurs[29], ce que ne font pas les filles.

Ils se disputent beaucoup au cours de leurs jeux, mais celui-ci n'est pas abandonné pour autant. Chaque litige donne lieu à discussion et dispute jusqu'à ce qu'une solution soit trouvée qui permette au jeu de se poursuivre. Il semblerait même que les garçons prennent autant de plaisir à régler les litiges qu'à jouer[30].

Les groupes de filles sont de taille plus petite et se réduisent souvent à une dyade ou une triade. Lorsque survient une dispute, elles préfèrent plus souvent arrêter le jeu plutôt que de mettre au point un système de règles ou de chercher parmi elles une leader ou une arbitre comme le font les garçons. Elles sont aussi plus pragmatiques et s'adaptent facilement aux règles ou acceptent des dérogations si cela permet de faciliter le jeu et d'éviter qu'il s'arrête.

Tout se passe dans les groupes de filles comme si la prise de pouvoir posait problème. En conséquence, non seulement elles ne recherchent pas autant que les garçons à exercer le leadership, mais le fait de l'obtenir n'est pas forcément confortable, car il leur est souvent reproché par les autres et remis en cause.

Une chercheuse de l'université de Sherbrooke a constaté qu'« aucune étude n'a encore cherché à valider l'existence d'une relation entre le désir de pouvoir et le style de leadership d'une personne, et le niveau hiérarchique qu'elle a atteint. Or, les données recueillies [...] tendent à démontrer que la nature de leur relation au pouvoir freine les femmes dans une éventuelle accession au sommet des organisations[31] ».

Il n'est pas question d'en conclure que les femmes ne désirent pas obtenir du pouvoir. On constate d'ailleurs que « dans les sociétés ou les hommes ne suppriment pas les activités politiques des femmes, beaucoup d'entre elles recherchent et obtiennent un pouvoir politique. Même dans les sociétés où les activités politiques des femmes sont limitées par les hommes, elles obtiennent souvent de l'influence sociale en intervenant auprès de leur mari ou des hommes de leur famille[32] ».

Mais il est possible que leur relation à ce qu'implique le pouvoir tel qu'il est défini par ceux qui l'occupent leur pose une difficulté, ne serait-ce que parce que les femmes prennent davantage en compte les aspects relationnels tels que le fait de connaître leurs concurrents – on sait en effet que lorsqu'ils ont préalablement rencontré leur adversaire à un jeu, les hommes montrent davantage d'agressivité alors que dans la même situation les femmes en montrent moins. Elles auraient plus de répugnance à s'opposer à quelqu'un avec qui elles ont préalablement eu un échange[33].

### En résumé

Les femmes ne jouent pas le jeu de la compétition tel qu'il a été instauré par les hommes.

Elles n'aiment pas les jeux qui aboutissent obligatoirement à la désignation d'un perdant et d'un gagnant et elles laissent facilement leur place si d'autres semblent la désirer plus qu'elles. Elles peuvent par exemple laisser un autre présenter un projet auquel elles ont autant participé, parce que cela semble important pour lui et qu'elles y attachent moins d'importance.

Elles cherchent à « arranger » quand c'est possible. Elles renoncent à quelque chose qui leur paraît mineur, ne mettent pas un point d'honneur à obtenir exactement ce qu'elles ont demandé. Or, dans un milieu professionnel, les acteurs sont généralement à la recherche du « moindre ennui » et chacun, pour arriver à ses fins, s'adressera de préférence à la personne dont il pense qu'elle lui répondra par la positive pour éviter autant que faire se peut celle dont il anticipe le refus ou la résistance. Ce sont donc aux personnes les plus conciliantes que seront proposé les tâches que d'autres refusent ou les services les moins prestigieux[34].

## ELLES SONT DAVANTAGE CENTRÉES SUR LA TÂCHE

Alors que les hommes consacrent une partie de leur temps à gérer leur carrière et leur avancement, les femmes n'y pensent même pas.

Elles restent centrées sur les tâches qui leur sont confiées et pensent que leurs résultats plaideront pour elles, qu'il suffit qu'elles réussissent leur projet ou qu'elles atteignent leurs objectifs pour qu'on reconnaisse leurs compétences et leur investissement. Elles qui ont tant de mal à faire reconnaître leurs compétences pensent normal de les démontrer encore et encore.

Elles voient bien que leurs collègues masculins passent du temps à « se faire mousser », notamment auprès de personnes plus importantes qu'eux-mêmes, mais elles auraient plutôt tendance à considérer cela comme du temps perdu et de la forfanterie sans intérêt. D'autant plus que la problématique du temps est différente pour elles qui sont en permanence, surtout pour celles qui ont des enfants, en tension pour arriver à concilier vie professionnelle et vie privée.

Dans le cadre d'un MBA de la School of Business de l'université de Georgetown, une recherche[35] a observé que lors des réunions ou groupes de travail, les femmes déclaraient cinq fois plus souvent accepter de prendre en charge le compte rendu. C'est une tâche importante pour l'efficacité du groupe, mais qui apparaît aux yeux de tous comme une tâche de secrétariat, donc subalterne. Les hommes déclaraient quant à eux que leur contribution consistait à jouer les leaders d'opinion.

Or, les femmes se trompent en pensant que la reconnaissance professionnelle est liée aux seuls résultats, puisque comme nous l'avons vu, les nominations relèvent davantage d'un système de cooptation. Et le moins que l'on puisse dire est que les règles en vigueur ne sont pas toujours transparentes.

Une étude mondiale réalisée en 2008-2009 auprès de 10 000 managers[36] a montré que les programmes destinés aux hauts potentiels comptaient 28 % d'hommes de plus que de femmes et deux fois plus d'hommes chez les hauts potentiels occupant des postes importants. Et si cette différence peut être en partie attribuée au fait que ces programmes hauts potentiels se mettent souvent en place pour des tranches d'âge défavorables aux femmes – entre 35 et 45 ans (âge des maternités) –, elle est surtout due au fait qu'ils sont souvent conduits en secret. Un nombre important de managers ne savent même pas s'ils en font partie, et les critères d'entrée sont inconnus de tous.

Les entreprises ont mis en place des entretiens d'évaluation, des objectifs et toute une batterie de procédures dans le but d'objectiver augmentation et promotion. Mais il reste toujours – et plus on monte dans la hiérarchie, plus la part en est importante – des critères non mesurables de savoir-être. Plus on monte et plus la subjectivité prend le pas.

### En résumé

Les femmes pensent que si elles démontrent leurs compétences, on viendra les chercher et dépensent donc beaucoup d'énergie à la gestion de processus concrets, au détriment d'une gestion plus stratégique de leur carrière.

Elles consacrent moins de temps que les hommes à s'informer sur les évolutions, les opportunités, à se faire remarquer et à faire valoir leur savoir-être, à se constituer des réseaux qui pourront les soutenir le moment venu.

Les entreprises ne gèrent pas toutes de façon transparente les évolutions de carrière. Une prime est ainsi octroyée à ceux qui ont davantage de temps et d'entregent.

## ELLES PRENNENT MOINS DE RISQUES

Faire le choix de la mobilité signifie quitter un poste dans lequel on se sent peut-être à l'aise, qu'on maîtrise et dont on connaît l'environnement et, comme le dit l'adage, « on sait ce qu'on perd mais on ne sait pas ce qu'on gagne ».

Il faut donc accepter de prendre des risques : celui de se retrouver avec un chef avec lequel on ne s'entendra peut-être pas, d'être déçu par le contenu du poste moins intéressant qu'on l'avait imaginé ou par les perspectives finalement pas si ouvertes qu'on nous l'avait annoncé.

Certains métiers constituent une prise de risque permanente, qu'elle soit physique ou matérielle. De façon générale, la prise de risque d'un point de vue professionnel peut être payante. Elle est valorisée, car elle apparaît comme une démonstration de courage et de dynamisme – comme c'est le cas de ceux qui créent une entreprise. Elle est même indispensable à qui veut réussir une carrière politique. Mais l'histoire étant écrite par les vainqueurs, ceux qui prennent des risques mal à propos peuvent être évincés de la compétition.

Or, et c'est peut-être l'une des différences les plus faciles à mesurer entre les hommes et les femmes, ils prennent davantage de risques. Ce n'est pas toujours une bonne chose et ils feraient parfois mieux de prendre exemple sur les femmes – notamment en ce qui concerne leur santé –, mais cela leur permet au travail ou en politique de faire des pas de géant, là où elles stagnent.

La différence a donné lieu à de nombreuses études :

- Plus d'un quart des décès en France surviennent dans le cadre de conduites à risque (alcool, tabac, violences, accidents, drogue, alimentation déséquilibrée) et concernent près de quatre hommes pour une femme. Cela commence très jeune, puisque dans les services des urgences, on estime que 18,5 pour 100 000 garçons de moins de 5 ans sont victimes d'accidents contre 11 filles[37]. Dans la population masculine des 15 à 44 ans, 23 % des hospitalisations masculines s'expliquent par des chocs (trois fois moins chez les femmes), et une mort sur deux est violente (contre une sur trois pour les femmes).
- Au volant : 95 % des permis invalidés (ne possédant plus de points) appartiennent à des hommes[38]. Précisons que les femmes et les hommes effectuent sensiblement le même kilométrage chaque année (12 340 km pour les femmes, 13 770 km pour les

hommes). Une chercheuse suisse[39] a montré que les sujets exposés à un environnement typiquement masculin roulaient plus vite que ceux exposés à un environnement féminin ou neutre. Il s'agissait en l'occurrence de conduire 8 minutes dans un simulateur de conduite tout en entendant des mots à connotation masculine (barbe, muscles…), féminine (talon, rouge à lèvres…) ou neutre (rue, chaise, maison).

Le fonctionnement des marchés financiers a donné lieu à des études, notamment après les krachs de 2008 où il a été examiné de plus près. Ce fut l'occasion de s'apercevoir que les salles de marché étaient presque exclusivement remplies d'hommes, ce qui a suggéré à Christine Lagarde, alors ministre de l'Économie, une phrase qui a donné lieu à polémique : « Nous avons un rapport au risque différent. Le levier libidinal et le niveau de testostérone actionnent souvent un certain nombre des opérateurs de salles de marché[40] ! » La polémique portait sur le fait qu'on ne pouvait pas imputer à la seule testostérone le comportement de ces professionnels. Toujours est-il que des chercheuses[41] qui ont demandé à des étudiants de remplir un questionnaire détaillé permettant de mesurer leur tolérance au risque financier ont montré une plus grande aversion au risque de la part des femmes.

## En résumé

La prise de risque est une stratégie payante qui facilite les parcours lorsqu'elle est gagnante.

Les femmes prennent moins de risques que les hommes, ce qui est pénalisant pour leur carrière, car la prise de risque, outre qu'elle est valorisée, permet des gains (financiers ou symboliques) plus rapides.

Mais :

- le coût de la prise de risque est rarement mesuré à sa valeur réelle ;

- en entreprise, la prise de risque est en principe contrôlée par des procédures ou normes – ce n'est pas le cas pour les décisions politiques.

Il serait probablement utile de s'intéresser davantage au devenir de ceux qui ont pris des risques suivis d'un échec plutôt que d'une réussite.

Les modes de fonctionnement des femmes semblent donc moins bien adaptés aux jeux de la compétition. Elles doivent apprendre les codes et dépasser les freins qu'elles actionnent elles-mêmes ; mais d'après les travaux du groupe McKinsey and Company, les entreprises qui ont le plus de femmes dans leurs comités de direction sont celles qui ont les meilleurs résultats financiers[42]. La proposition mérite donc d'être inversée et les hommes peuvent également apprendre d'autres modes de fonctionnement moins basés sur la compétition et plus respectueux du corps social.

Si les femmes sont moins compétitrices, ce n'est pas qu'elles ne sont pas capables de l'être, car elles le sont quand elles le décident. Mais elles n'ont pas la même conception de ce que signifie « réussir sa vie », ni la même conception des rapports sociaux.

## DES SYSTÈMES DE VALEURS DIFFÉRENTS

La psychologie évolutionniste explique qu'il serait nécessaire pour les mâles de dominer leurs congénères dans le but de séduire davantage de femelles et pour ces dernières de « créer une communauté socialement stable pour élever leurs enfants ».

Quoi qu'il en soit, ces différences, qu'elles soient d'origine sociale ou biologique, sont comme nous l'avons vu largement renforcées par les attentes que génèrent les stéréotypes et par les activités dans lesquelles les uns et les autres sont cantonnés. Ce qui peut être une adaptation à la vie des grands singes prend nécessairement une tout autre dimension chez les *Sapiens sapiens* du 21e siècle.

Plus généralement, il semblerait qu'hommes et femmes n'utilisent pas les mêmes systèmes de valeurs.

Des chercheurs finlandais ont étudié le rapport entre le sentiment de donner et de recevoir et l'état de santé, mesuré par le nombre d'arrêts pour maladie. Les femmes qui ont le sentiment de donner plus d'attention à leurs proches qu'elles n'en reçoivent tombent deux fois moins souvent malades que celles qui ont le sentiment inverse. C'est exactement l'inverse chez les hommes : ceux qui ont le sentiment de recevoir plus d'attention prennent moins de congés pour maladie[43].

La psychologue américaine Carol Gilligan a, dans un livre qui a suscité lors de sa sortie d'intenses polémiques[44], développé l'idée de différences de conceptions éthiques chez les femmes et les hommes.

Elle remarque que les femmes se définissent plus souvent dans un contexte de relations humaines et se jugent en fonction de leurs capacités à prendre soin des autres.

Elles privilégient la relation et la responsabilité et se trouvent ainsi largement majoritaires dans toutes les fonctions du *care* (social)[45].

Or, tant dans leurs théories du développement de la psyché que dans l'organisation de l'économie, les hommes ont dévalué tout ce qui relève du *care*. Dans une société où la réussite et l'autonomie personnelles servent de référents, le souci de l'autre apparaît plutôt comme une faiblesse.

On sait, parce que les sondages le démontrent, que les hommes et les femmes n'ont pas toujours le même avis sur les grandes questions de société. Les femmes sont par exemple bien plus opposées au nucléaire[46]. On observe que les élues sont plus souvent porteuses de questions relatives à l'organisation de la vie courante (financement de crèches, par exemple), qui apparaissent comme mineures et pas assez politiques ou stratégiques aux hommes. Mais au fond, on ignore ce que serait le monde s'il était dirigé par les femmes plutôt que par les hommes, et même ce qu'il serait s'il était dirigé à part égale par les hommes et les femmes.

Une indication est apportée par le rapport Unicef de 2007 consacré à la situation des enfants et aux inégalités entre sexes dans le monde. Il montre que lorsque les femmes participent aux décisions ou maîtrisent le budget familial, elles gèrent de façon à donner la priorité aux dépenses utiles à la famille et durables. Les enfants sont en meilleure santé et ont un meilleur statut pondéral, car les femmes n'ont pas les mêmes priorités que les hommes et font passer le bien-être de leurs enfants avant des dépenses plus personnelles. C'est la raison pour laquelle les ONG qui distribuent des micro-crédits ciblent très majoritairement les femmes. Parallèlement, les femmes qui font de la politique sont d'ardentes défenseuses des enfants et elles aident les organes décideurs à devenir plus démocratiques et plus égalitaires[47].

## En résumé

Les femmes n'utilisent pas le même système de valeurs que les hommes, elles ont davantage le souci des autres et d'ouverture, mais ce sont des préoccupations qui ne sont pas valorisées. Les métiers axés sur les soins aux autres sont donc moins bien rémunérés. De façon générale, la progression dans une hiérarchie est perçue comme un parcours du combattant pour lequel sont nécessaires des qualités de résistance personnelle et une âme de stratège.

Mais les femmes elles-mêmes acceptent de considérer que les métiers du *care* ne méritent pas des salaires plus élevés, comme si le soin aux autres ne demandait aucune expertise. Elles trouvent normal d'avoir à se débrouiller pour concilier vie professionnelle et charges familiales et préfèrent souvent même ne pas en faire état, éprouvant une sorte de culpabilité à ne pas être disponibles à 100 % pour leur travail.

La société tout entière aurait certainement intérêt à ouvrir ses instances de décision à d'autres valeurs. Les dirigeants pourraient non seulement interroger les valeurs de l'entreprise, mais aussi et surtout examiner celles que véhiculent concrètement les modes de management en vigueur ainsi que les comportements qui sont récompensés, que ce soit en parole ou concrètement par des augmentations ou des promotions. Les activités sociales (professionnelles, citoyennes) ont été élaborées sur un modèle masculin puisque destinées aux seuls hommes. L'une des caractéristiques principales en est une gestion du temps extrêmement dispendieuse : les hommes, déchargés des tâches domestiques, doivent se rendre facilement disponibles à partir d'un certain niveau de responsabilité, où réunions et déplacements s'enchaînent.

# Conclusion

Depuis plus d'un siècle, les femmes, pour occuper de nouveaux champs professionnels, se sont astreintes à se comporter comme les hommes, soutenues en cela par un discours universaliste qui insiste sur le fait que les différences entre hommes et femmes ne sont que sociales et qu'en conséquence, se comporter en homme devrait être une condition suffisante pour accéder à tous les postes.

Quelques décennies plus tard, on constate qu'il y a loin du rêve à sa réalisation. Les femmes ont investi tous les métiers, mais l'accès aux postes hiérarchiquement les plus élevés leur est systématiquement limité. La réalité est décevante, parce qu'elle est infiniment complexe : il ne suffisait pas de vouloir pour pouvoir.

Dans un monde où la force physique est désormais assez rarement un critère de sélection, les différences biologiques ne justifient pourtant plus les inégalités. Celles-ci sont maintenues par l'effet d'une vision stéréotypée du monde que nous appliquons aux autres, mais que chacun s'applique également à soi-même.

Ne pas tenir compte de tous ces schémas de pensée, souvent inconscients mais bien partagés par tous les acteurs, c'est vouer la démarche vers l'égalité à l'échec. Ou tout du moins entériner le fait qu'il faudra attendre encore longtemps avant d'atteindre la parité.

Il est bien certain que celles qui ont réussi à accéder à de hautes fonctions n'ont pas eu d'autre choix que de se comporter en grande partie comme des hommes (ce que démontre l'étude Hudson). Les experts[1] s'entendent généralement pour considérer qu'elles doivent être au moins 30 % dans une assemblée pour que leur genre n'apparaisse plus comme une spécificité et qu'elles puissent exprimer librement leur personnalité. En ce sens, les lois fixant des quotas sont une étape provisoire, mais indispensable. Les quotas doivent permettre d'atteindre et de dépasser ce seuil. Alors, le pouvoir et l'autorité n'apparaîtront plus comme étant réservés au genre masculin.

Il convient cependant de se méfier des stéréotypes qui paraissent positifs. Il est par exemple un discours assez fréquent qui consiste à dire que l'arrivée des femmes au pouvoir ne présente aucun intérêt, puisque celles qui y ont accédé se comportent comme des hommes, ne font pas mieux qu'eux, voire font pire. Or, il n'y a aucune raison pour que les femmes à qui sont confiées des responsabilités soient meilleures que les hommes, d'autant plus qu'elles sont déjà largement sursélectionnées sur leurs compétences.

Dans l'état actuel des choses, on constate effectivement que les femmes au pouvoir apportent des problématiques et des façons de faire différentes. Il est impossible cependant d'en conclure que cela provient d'une différence génétique ou hormonale entre les hommes et les femmes.

Une étude menée parallèlement chez les Masaïs, peuplade d'Afrique dont l'organisation est plutôt patriarcale, et les Khasis, qui vivent en Inde et dont la transmission sociale se fait par les femmes, laisse penser que ce n'est pas si simple. À l'occasion d'un questionnaire, on leur a demandé s'ils/elles préféreraient « jouer seul et gagner peu, ou jouer contre autrui pour trois fois plus, mais risquer de perdre à cause de l'adversaire ». Les résultats obtenus diffèrent chez les Masaïs et les Khasis.

Le second choix est ainsi réparti :

- chez les Masaïs : hommes 50 %, femmes 26 % ;
- chez les Khasis : hommes 39 %, femmes 54 %.

Les auteurs de l'étude en concluent que « les femmes ont moins l'esprit de compétition que les hommes dans une société patriarcale (Masaïs), et les hommes moins que les femmes dans une société à tendance matriarcale (Khasis)[2] ».

On ne peut pas tirer une conclusion universelle d'une telle étude, mais elle invite certainement à la réflexion.

# Notes

## Notes de l'introduction

1. Photo extraite du site http://ec.europa.eu/avservices/index.cfm?sitelang=fr
2. Hausmann R., Tyson L. D., Zahidi S., « Gender Gap Report 2010 », World Economic Forum Global, 2010 (http://www.weforum.org/s?s=Global+Gender+Gap+Report+).
3. « Dans le monde entier, les femmes sont aujourd'hui plus instruites et plus nombreuses sur le marché du travail qu'elles ne l'ont jamais été. Pourtant, la plupart d'entre elles sont encore victimes de la ségrégation professionnelle et ne parviennent de ce fait que rarement à briser le fameux "plafond de verre" qui les sépare des postes de haut niveau. Un récent rapport du BIT démontre que malgré un rétrécissement notable de l'écart entre les hommes et les femmes dans les professions spécialisées et les postes de direction, il y a encore très peu de femmes parmi les cadres supérieurs. » *in* « Le plafond de verre se brisera-t-il un jour ? La solitaire ascension des femmes cadres supérieurs », OIT, *Travail*, n° 23, février 1998)
4. Source : site de l'Observatoire de la parité (Parité politique, repères statistiques), chiffres consultés en juillet 2011 (http://www.observatoire-parite.gouv.fr/parite-politique/reperes-statistiques-47/).
5. *Ibid*.
6. Bourdieu P., Passeron J.-C., *Les Héritiers*, Éditions de Minuit, coll. « Le Sens commun », 1964.
7. « Le parcours professionnel des hommes et des femmes diplômé(e)s de grandes écoles. Regards croisés hommes/femmes », Enquête GEF-Ipsos, février 2007 (http://www.grandesecolesaufeminin.fr).
8. En date du 1er juin 2011, le décret d'application de la loi de 2010, fixant notamment le montant des pénalités, n'est pas paru.

9. En 2009, l'UMP a payé plus de 4 millions d'euros de pénalité financière, le PS 500 000 €.
10. Site du gouvernement français, France diplomatie, « Protéger les droits des femmes. L'égalité entre les hommes et les femmes dans le droit communautaire », juillet 2011. Extrait : « Inscrite dans le traité de Rome de 1957 sous le seul angle des rémunérations, la question de l'égalité est devenue, au fil des différentes révisions du traité un axe majeur de l'action de la Communauté. » (http://www.diplomatie.gouv.fr).
11. La Halde intégrera prochainement la nouvelle autorité « Défenseur des droits » avec la Commission nationale de déontologie de la sécurité, le Défenseur des enfants, le médiateur de la République et le Contrôleur général des lieux de privation de liberté.
12. Quatremer J., « Commission européenne : la parité, un objectif lointain, très lointain », Coulisses de Bruxelles, Blogs Liberation.fr, 24 novembre 2009 et « Où sont les femmes ? », Coulisses de Bruxelles, Blogs Liberation.fr, 12 novembre 2009 (http://bruxelles.blogs.liberation.fr).
13. Vincent B., *Du plafond de verre aux plafonds de verre : l'inégal accès des femmes et des hommes aux emplois de direction générale des grandes collectivités territoriales*, Ensae, Inet, CNPTF, 2010 (http://www.affdu.fr).
14. Milewski F. et Périvier H. (dir.), *Les Discriminations entre les femmes et les hommes*, Presses de Sciences Po, 2011, p. 120.
15. Grésy B., *Petit Traité contre le sexisme ordinaire*, Albin Michel, 2009, p. 40.
16. Meurs D., Pailhé A. et Ponthieux S., « Enfants, interruptions d'activité des femmes et écart de salaires entre les sexes », *Revue de l'OFCE*, n° 114, juillet 2010.
17. Muller L., « Les écarts de salaires entre les hommes et les femmes en 2006 : des disparités persistantes », *Premières informations, premières synthèses*, n° 44-5, Dares, 31 octobre 2008 (http://www.travail-emploi-sante.gouv.fr).
18. Vidal C., Benoit Browaeys D., *Cerveau, sexe &pPouvoir*, Belin, coll. « Regards », 2005, p. 49.
19. *Ibid.*
20. Bourdieu P., *La Domination masculine*, Seuil, 1998, p. 29.

## Notes de la partie 1

1. Gray J., *Les hommes viennent de Mars, les femmes viennent de Vénus*, trad. par Anne Lavédrine, J'ai Lu, 2003.
2. Vidal C., Benoit Browaeys D., *op. cit.*, p. 15.
3. Gouyon P.-H., *Aux origines de la sexualité*, Fayard, 2009.

4. Voir par exemple : Geary D.-C., Gouillou P., *Hommes, femmes : l'évolution des différences sexuelles humaines*, De Boeck, 2003.
5. Bering J., « Les femmes ont-elles évolué pour se protéger contre les viols ? », trad. par Peggy Sastre, Slate.fr, 21 février 2011 (http://www.slate.fr).
6. De Beauvoir, S., *Le Deuxième sexe*, 2 tomes, Gallimard, 1949.
7. Leur nombre est inconnu et fait l'objet de violentes polémiques. Les chiffres avancés vont de 1,5 % selon certains chercheurs à 15 % selon le Réseau des intersexué-e-s francophones d'Europe (Rife).
8. Le roman de Martin Winckler, *Le Chœur des femmes*, POL, 2009, porte en partie sur ce thème.
9. « Pas question de révéler le sexe de bébé », cyberpresse.ca, 25 mai 2011 (http://www.cyberpresse.ca), *Lydia Parafianowicz,* « Swedish parents keep 2-year-old's gender secret », The Local, 29 juin 2009 (http://www.thelocal.se), « Are these the most PC parents in the world? The couple raising a 'genderless baby'... to protect his (or her) right to choice », MailOnline, 25 mai 2011 (http://www.dailymail.co.uk).
10. Ciccotti S., *150 petites expériences de psychologie pour mieux comprendre l'autre sexe*, Dunod, 2008, p. 22.
11. Cahill L., « Cerveau masculin, cerveau féminin », *L'Essentiel. Cerveau & Psycho,* « Cerveau Homme/Femme, Quelles différences ? », n° 5, février-avril 2011, p. 33.
12. Eliot L., « La vérité sur les filles et les garçons », *L'Essentiel. Cerveau & Psycho,* « Cerveau Homme/Femme, Quelles différences ? », n° 5, février-avril 2011, p. 40.
13. Geary D.-C., Gouillou P., *Hommes, femmes : l'évolution des différences sexuelles humaines*, De Boeck, 2003.
14. Praefcke A., « Pourquoi les petites filles portent du rose et les garçons du bleu », Slate.fr, 14 avril 2011 (http://www.slate.fr).
15. Barbu S., Le Maner-Idrissi G., « À quoi jouent les petits garçons et les petites filles », *in* Françoise Héritier, *Hommes, femmes la construction de la différence*, Le Pommier, 2010.
16. Condry J., Condry S., « Sex differences: A study of the eye of the beholder », *Child Development*, n° 47(3), 1976, p. 812-819.
17. Emily Anthers. « Les nouveaux pères ». *L'Essentiel. Cerveau & Psycho,* « Cerveau Homme/Femme, Quelles différences ? », n° 5, février-avril 2011,p. 26
18. Gianini Belotti E., *Du côté des petites filles*, Édition des Femmes, 1974.
19. Plateau N., « Chaussons nos lunettes de genre », *Cahiers Pédagogiques,* Dossier « *Filles et garçons à l'école* », n° 487, février 2011.
20. Chemin A., « L'égalité des sexes à bonne école », *Le Monde*, 17 novembre 2008.

21. Duru-Bellat M., *L'École des filles. Quelles formations pour quels rôles sociaux ?*, L'Harmattan, 1989, p. 97.
22. Baudelot C., Establet r., « La moindre confiance en soi des filles et la surestimation de soi des garçons nous frappent », *Le Monde*, 8 septembre 2009.
23. Rosenthal R. A., *Pygmalion à l'école : l'attente du maître et le développement intellectuel des élèves*, Casterman, collection « Orientations E3 », 1996.
24. « De la mixité à l'égalité », *Bulletin officiel du ministère de l'Éducation nationale et du ministère de la Recherche*, hors-série n° 10, 2 novembre 2000 (www.education.gouv.fr).
25. Duru-Bellat M., « Ce que la mixité fait aux élèves », *Revue de l'OFCE*, « Les discriminations entre les femmes et les hommes », Presses de sciences Po, juillet 2010.
26. Ayral S., *La Fabrique des garçons, sanctions et genres au collège*, PUF, 2011.
27. Raibaud Y., « De nouveaux modèles de virilité : musiques actuelles et cultures urbaines », *in* D. Welzer-Lang et C. Zaouche (dir.), *Regards sur les hommes et le masculin*, Empan, 2011, p. 149-161 ; voir aussi http://www.cnrs.fr/inshs/recherche/loisirs-jeunes.htm.
28. « Rapport sur l'image des femmes dans les médias », Commission de réflexion sur l'image des femmes dans les médias (présidente : Michèle Reiser, rapporteure : Brigitte Gresy), septembre 2008, p. 11 (http://www.travail-emploi-sante.gouv.fr).
29. Le Bureau de vérification de la publicité est devenu, depuis le 25 juin 2008, l'Autorité de régulation professionnelle de la publicité (ARPP, voir le site http://www.arpp-pub.org/).
30. « Rapport sur l'image des femmes dans les médias », *op.cit.*, p. 33.
31. « La publicité en avance sur la réalité de la vie des femmes », *Le Figaro*, 28 février 2008.
32. Régnier-Loilier A., « L'arrivée d'un enfant modifie-t-elle la répartition des tâches domestiques au sein du couple ? », *Populations et Sociétés*, n° 461, novembre 2009 (http://www.ined.fr).
33. « La réforme du temps partiel est urgente », Lesnouvellesnews.fr, 23 juin 2011 (http://www.lesnouvellesnews.fr).
34. Hélène Périvier (économiste à l'OFCE), « Depuis dix ans, l'écart de salaires entre les femmes et les hommes ne se réduit pas », *Le Monde*, 5 mai 2008.
35. Le mouvement des Chiennes de garde est une association féministe créée en 1999 pour défendre les femmes publiques contre des insultes. En 2008 elle a été réunie avec l'association La Meute qui lutte contre les publicités sexistes (http://www.chiennesdegarde.com).
36. « Les pères dans la publicité, une analyse des stéréotypes à l'œuvre », Rose & BETC-Euro RSCG, juin 2010 (http://www.orse.org).
37. *Ibid.*

38. « Rapport sur l'image des femmes dans les médias », *op.cit.*
39. Bihel A., « Trois hommes pour une femme… », *in* « Le sexe de l'info », *Les Nouvelles News*, numéro spécial, juin 2011.
40. Toulon B., « La solitude ? Pas de ça chez lui ! », *in* « Le sexe de l'info », *Les Nouvelles News*, numéro spécial, juin 2011.
41. Bertini M.-J., *Femmes. Le pouvoir impossible*, éd. Pauvert, 2002.
42. « Rapport sur l'image des femmes dans les médias », *op.cit.*
43. Brugeilles C., Cromer I. et Cromer S., « Les représentations du masculin et du féminin dans les albums illustrés ou Comment la littérature enfantine contribue à élaborer le genre », *Population*, 57 (2), 2002, p. 261-292 (http://www.crdp.ac-creteil.fr)
44. Cromer S., Brugeilles C., Cromer I., « Comment la presse pour les plus jeunes contribue-t-elle à élaborer la différence des sexes ? », t.. 2 : « Les magazines enfants », *Dossier d'étude* n° 104, Cnaf, mai 2008 (http://www.caf.fr).
45. Même si c'est malheureusement le cas dans certains pays, du fait de l'avortement sélectif des fœtus féminins.
46. Cromer S., Brugeilles C., Cromer I., « Comment la presse pour les plus jeunes contribue-t-elle à élaborer la différence des sexes ? », t.. 1 : « Les suppléments parents », *Dossier d'étude*, n° 103, Cnaf, avril 2008 (http://www.caf.fr).
47. « Femmes au volant », *Le Monde*, supplément télévision, 8 mars 2011.
48. Ce qui ne sera plus possible à compter de décembre 2012, à la suite d'une décision du 1er mars 2011 de la cour de Justice européenne, qui considère que « la prise en compte du sexe de l'assuré en tant que facteur de risque dans les contrats d'assurance constitue une discrimination ».
49. « La sécurité routière en France, bilan de l'année 2009 », Observatoire national interministériel de sécurité routière, La Documentation française, 2010 (http://www2.securiteroutiere.gouv.fr). Les conducteurs masculins représentent 92 % des conducteurs dans les accidents mortels (p. 21).
50. « Elles préfèrent conduire en vert », LesQuotidiennes.com, 21 février 2011 (http://www.lesquotidiennes.com)
51. Caenen Y., Insee Île-de-France, Courel J., IAU-ÎdF, Paulo C., STIF, Schmitt D., DRIEA, « Les Franciliens utilisent autant les transports en commun que la voiture pour se rendre au travail », INSEE, 2008 (http://www.insee.fr).
52. Kyoungmi L., Hakkyun K., Vohs K., « Stereotypes Threat in the Marketplace : Consumer Anxiety and Purchase Intentions », *Journal of Consumer Research*, août 2011 (http://www.insoliscience.fr).
53. « Renault veut féminiser ses garages », *Le Parisien*, 27 octobre 2009, (http://www.leparisien.fr).

54. « Filles et garçons sur le chemin de l'égalité, de l'école à l'enseignement supérieur », ministère de l'Enseignement supérieur et de la Recherche, 2011 (http://media.education.gouv.fr).
55. Vidal C., Benoit Browaeys D., *op.cit.*, p. 28.
56. Coccotti S., « Les filles sont-elles mauvaises en maths ? », *L'Essentiel. Cerveau & Psycho,* « Cerveau Homme/Femme, Quelles différences ? », n° 5, février-avril 2011, p. 48.
57. Walsh M., Hickey C., Duffy J., « Influence of item content and stereotype situation on gender differences in mathematical problem solving », *Sex Roles*, n° 41, 199, p. 219-240.
58. Ben-Zeev T. *et al.*, «  Arousal stereotype threat », *Journal of experimental social psychology*, vol. 41, n° 2, 2005, p. 74.
59. Ciccotti S., *op.cit.* et Lise Eliot, « La vérité sur les filles et les garçons », *L'Essentiel. Cerveau & Psycho,* « Cerveau Homme/Femme, Quelles différences ? », n° 5, février-avril 2011, p. 48.
60. « Filles et garçons sur le chemin de l'égalité, de l'école à l'enseignement supérieur », *op. cit.*
61. Matlin M. W., *Psychologies des femmes*, trad. par W. M. Pullin, De Boeck, coll. « Ouvertures psychologiques », 2007, p. 67.
62. Schmid Mast M., « L'émotion de la femme médecin », Université de Neuchâtel, 20 février 2007 (http://www2.unine.ch).

## Notes de la partie 2

1. Reconnaissons cependant que les progrès réalisés en quelques décennies sont fulgurants à l'échelle historique.
2. Bourdieu P., *La Distinction*, Les Éditions de Minuit, coll. « Le Sens Commun », 1979.
3. Amadieu J.-F., *Le Poids des apparences : beauté, amour et gloire*, Odile Jacob, 2002.
4. Rapport au président de la République, *L'égalité professionnelle hommes-femmes dans la fonction publique,* Françoise Guégot, députée de la Seine Maritime, La documentation française, 2011.
5. Source : site de l'Ena, *Qui sont les élèves de l'Ena ?*
6. Pour un panorama complet, voir : Gagliardi E., Montay W., *Guide des clubs et réseaux au féminin*, Le Cherche Midi, 2007.
7. « Les franc-maçonnes », L'Express.fr, 8 mai 2003 (http://www.lexpress.fr).
8. Koch F., « Ces francs-maçons suspendus parce qu'ils aiment trop les femmes », L'Express.fr, 9 octobre 2008 (http://www.lexpress.fr).

9. Convent : grande assemblée annuelle des représentants des loges.
10. « Hommes ou femmes, les francs-maçons ne veulent pas de mixité », Rue89.fr, 4 septembre 2009 (http://www.rue89.com)
11. Conclusions du tribunal de grande instance de Paris, audience du 1er février 2011. Quatre membres du GOF plaignants, contre l'association Grand Orient de France (http://letexte.fr/ugo/conclusions-4ff_v2.pdf).
12. Le stéréotype des féministes « mal baisées » est couramment utilisé. En 2009, les Chiennes de garde ont décerné leur « macho d'argent » à Fabrice Eboué, animateur sur M6, pour cette phrase : « Le féminisme, c'est pas seulement des femmes autoritaires ou des mal baisées, c'est aussi des lesbiennes ! » lors de l'émission de Marc-Olivier Fogiel, « T'empêches tout le monde de dormir », le 4 mars 2008 (http://www.chiennesdegarde.com).
13. Voici ce qu'en dit *Le Gaulois*, journal d'opposition libérale à l'Empire, le 25 novembre 1880 :

    « Des lycées de jeunes filles ? Pourquoi pas des casernes de jeunes filles ! À part quelques bachelières, quelques doctoresses et quelques sages-femmes, la jeune fille française élevée dans la protection vigilante de la famille, avait été avec soin préservée de l'éducation garçonnière et des brutalités de la science. Elle grandissait parmi les sourires et les joies, comme une fleur dans le soleil ; elle grandissait dans une poétique ignorance des mystères des choses [...]. Et cette paix candide de jeune fille, cette délicieuse floraison de pudiques désirs, ces élans d'idéale bonté qui plus tard font l'amour de l'épouse, le dévouement de la femme et le sacrifice de la mère, tout ce charme exquis, toute cette poésie, tout ce respect qui fait que le vice lui-même se tait, se découvre et recule ; devant nos enfants comme devant l'apparition des grands paradis perdus, tout cela va disparaître ! On va supprimer la jeune fille [...]. Assez de ces petites niaiseries qui croient à l'ange gardien, au bonhomme Noël, aux bébés qui naissent sous les choux. La science de l'État se chargera de souffler sur ces illusions enfantines. M. Paul Bert leur prouvera, scalpel en main et tablier au ventre, qu'il n'y a ni Dieu, ni Diable, ni devoirs, ni justice, ni vertu, ni choux ; qu'il n'y a que des sensations, que des jouissances, une République et de la matière. On leur apprendra tout, même la rébellion contre la famille, même l'impureté. Elles citeront Tacite, Montesquieu les jours de gaieté. Elles n'auront même pas été vierges avant de devenir femmes ; et quand elles auront été instruites d'après la méthode nouvelle, qu'elles auront conquis les grades universitaires, elles se donneront, comme les élèves du Conservatoire, au premier homme qui passera, ou elles se tueront, comme cette étudiante qui n'a trouvé que la consolation du poison au désenchantement de sa jeunesse flétrie et du bonheur perdu... »

14. « Élection Académie française. Marguerite Yourcenar première femme élue à l'Académie française », Archives INA (à consulter sur http://www.dailymotion.com).
15. Émission satirique programmée à la télévision française de 1983 à 1995.
16. Et dans un autre domaine : l'affaire DSK a permis de dévoiler le machisme de certains hommes politiques qui, pour défendre leur ami, n'ont pas hésité à minimiser les accusations et à mettre en doute la parole de la plaignante avant toute enquête. Le pire étant certainement qu'ils ont proféré ces propos sans avoir conscience de leur aspect choquant.
    Jauffret R., « La fille du bédouin », *Libération*, 17 mars 2011 (http://www.liberation.fr).
17. Service politique de *Libération*, « Être une femme politique c'est pas si facile », *Libération*, 31 mai 2011 (Dossier « marre des machos »).
18. Amar C., Barret A.-L., « Sexisme ordinaire à l'assemblée », *JDD*, 5 juin 2011 (http://www.lejdd.fr).
19. Tricot B., *L'Express*, 31 octobre 1977, cité *in* Sineau M., *La Force du nombre*, éd. de l'Aube, 2008, p. 86.
20. Abiker D., *Le Musée de l'homme : le fabuleux déclin de l'empire masculin*, Michalon, 2005.
21. Grésy B., *Petit traité contre le sexisme ordinaire*, Albin Michel, 2009, p. 122.
22. Delelis G., Christophe V., « Qui se ressemble s'assemble », *Cerveau & Psycho*, n° 11, sept.-oct. 2005.
23. *Ibid.*
24. *Ibid.*
25. Brauer M., « Stéréotypes et rapports de domination », *Cerveau & Psycho*, n° 13, janv.-fév. 2006.
26. Delelis G., Christophe V., *op. cit.*
27. Brauer M., *op. cit.*
28. Levisalles N., « La recherche a un deuxième sexe. Deux Suédoises mesurent la discrimination sexuelle : panique », *Libération*, 10 juin 1997 (http://www.liberation.fr).
29. « Hommes et femmes recrutés en 2005. Les préférences des employeurs », *Premières synthèses. Premières informations*, Dares, n° 31.3, juillet 2009 (http://www.travail-emploi-sante.gouv.fr).
30. Helweg-Larsen M., « To No dot Not to Nod: An Observational Study of Nonverbal Communication and sSatus in Female and Male College Students », *Psychology of women quarterly*, vol. 28, 2004, p. 358-361.
31. Hall E. T., *La Dimension cachée*, Seuil, 1984.
32. Herpin N., « La taille des hommes : son incidence sur la vie en couple et la carrière professionnelle », *Économie et Statistique*, n° 361, 2003 (http://www.insee.fr).

33. « Une étude révèle que les brunes réussissent mieux, tant dans la vie professionnelle que dans la vie affective », Henkel.be, 3 octobre 2008 (http://www.henkel.be).
34. « Les blondes gagnent plus », Maviepro.fr, 9 avril 2010 (http://www.maviepro.fr).
35. Smith G. J., « Facial and Full Length Ratings of Attractiveness Related to the Social Interactions of Young Children », *Sex Roles*, n° 12, 1985, p. 187-193.
36. Dans ce type d'études, la beauté est évaluée par des observateurs qui attribuent des notes.
37. Sczesny S., Kuhnen U., « Meta-Cognition about Biological Sex and Gender-Stereotypic Physical Appearance: Consequences for the Assessment of Leadership Competence », *Personality and Social Psychology Bulletin*, n° 30, janvier 2004, p. 13-21.
38. Baudoin J.-Y., « Quelle personnalité pour quel visage ? », *Cerveau & Psycho*, n° 30, nov.-déc. 2008.
39. Grüter T., « Beauté des visages et affinités biologiques », *Cerveau & Psycho*, n° 30, nov.-déc. 2008.
40. Reclus P., « La femme reste-t-elle l'avenir du nucléaire ? » Slate.fr, 20 novembre 2009 (http://www.slate.fr).
41. Ciccotti S., *150 petites expériences de psychologie. Les filles sont-elles plus souriantes que les garçons ? Différence de genre dans la fréquence du sourire*, Dunod, 2008.
42. American Psychological Association, « Emotion - Happy Guys Finish Last: The Impact of Emotion Expressions on Sexual Attraction », University of British Columbia, 2011.
43. Baudoin J.-Y., *op. cit.*
44. Nicolas Santolaria, « Faites la moue pas la guerre » *GQ*, n° 95, janvier 2011.
45. Toutes les études de ce paragraphe proviennent de Bailly S., *Les Hommes, les Femmes et la Communication. Mais que vient faire le sexe dans la langue ?*, L'Harmattan, 2009, p. 34.
46. *Ibid.*, p. 56.
47. *Ibid.*, p. 67-68.
48. *Ibid.*, p. 66.
49. *Ibid.*, p. 67.
50. Giesbert F.-O., *Monsieur le Président : Scènes de la vie politique (2005-2011)*, Flammarion, 2011 (voir notamment le chapitre 3 : « La colère du matin »).
51. « Les "vociférations" de Nadine Morano face aux députés UMP », L'Express.fr, 30 octobre 2010 (http://www.lexpress.fr).
52. Molinier P., « Femmes, combats et débats. Les métiers ont-ils un sexe ? », *Sciences humaines*, hors-série n° 4, nov.-déc. 2005.

53. « Femmes et emploi », sondage Cergors-Observatoire des discriminations, réalisé par la Sofres du 20 au 29 novembre 2003 auprès d'un échantillon représentatif de 1 360 salariés et anciens salariés.
54. Matlin M. W., *Psychologies des femmes*, trad. par W. M. Pullin, De Boeck, coll. « Ouvertures psychologiques », 2007, p. 229.
55. *Ibid.*, p. 231.
56. Christie Nicholson « Le fossé de l'humour », *L'Essentiel. Cerveau & Psycho,* « Cerveau Homme/Femme, Quelles différences ? », nº 5, février-avril 2011, p. 79.
57. *Ibid.*, p. 81.
58. Guéguen N., « Humour et pouvoir de séduction », *Cerveau & Psycho,* nº 16, juil.-août 2006.
59. Taux de chômage au 1er trimestre 2011, selon l'Insee, en France métropolitaine : 22,8 % pour les moins de 25 ans ; 8,3 % pour les 25-49 ans ; 6,3 % pour les plus de 50 ans ; moyenne tous âges confondus 9,2 % (http://www.insee.fr).
60. Berruyer O. « Le vieillissement de l'Assemblée », Les-Crises.fr, 5 juin 2011 (http://www.les-crises.fr) et voir le site de l'Assemblée nationale (http://www.assemblee-nationale.fr).
61. Roger Karoutchi, président du groupe UMP au conseil régional d'Île-de-France, à propos des listes aux élections régionales : « Oui à des gens nouveaux, parce que par définition, sinon ça fait des listes ménopausées. », LeFigaro.fr, 9 décembre 2009 (http://www.lefigaro.fr).
62. « L'écart d'âge entre conjoints s'est réduit », *Insee première,* nº 1073, avril 2006 (http://www.insee.fr).
63. Voir, par exemple, une vidéo de campagne 2007 de l'UMP, dans laquelle, notamment, François Fillon déclare : « La meilleure façon de continuer, c'est de donner des responsabilités à la base aux militantes qui adhèrent aux partis, des responsabilités dans les élections locales pour que, progressivement, il y ait une classe politique féminine qui monte et qui puisse briguer toutes les responsabilités, y compris nationales » (cette vidéo peut être consultée sur le site http://blog.plafonddeverre.fr/post/2008/10/12/les-femmes-comme-argument-electoral).
64. Fabio Lorenzi-cioldi, *Individus dominants et groupes dominés*, Presses universitaires de Grenoble, 1999.
65. Circulaire du 6 mars 1998 adressée aux ministres et secrétaires d'État du gouvernement. Les administrations doivent recourir aux appellations féminines pour les noms de métier, de fonction, grade ou titre dès lors qu'il s'agit de termes dont le féminin est par ailleurs d'usage courant. L'Académie française s'est vigoureusement opposée à cette pratique. Elle souligne que « en français, la marque du féminin ne sert qu'accessoirement à

rendre la distinction entre mâle et femelle » et seul le genre dit masculin, donc non marqué, peut traduire la nature indifférenciée des titres. Declercq M., Hanton A., *L'Opposition de l'Académie française face à la féminisation des noms de métiers, fonctions et titres, Université libre de Bruxelles*, 2007-2008 (http://www.communelangue.com) et le site du Centre international d'études pédagogiques (Ciep, http://www.ciep.fr/chroniq/femi/fem.pdf)

66. Cromer S., Brugeilles C., Cromer I., « Comment la presse pour les plus jeunes contribue-t-elle à élaborer la différence des sexes ? », t. 1 : « Les suppléments parents », *Dossier d'étude*, n° 103, Cnaf, avril 2008, p. 44.
67. Sabine Fortino, interview de par Caroline Flepp, « Mixité ne rime pas avec égalité », egalité-infos.fr, 28 juin 2011.
68. Audition de Xavier Darcos par la commission des finances du Sénat, 3 juillet 2008 : Martin J., « Darcos : les profs de maternelle ne "changent que les couches" », rue89.fr, 15 septembre 2008 (http://www.rue89.com).
69. Bourdieu P., *La Domination masculine*, Seuil, 1998, p. 100.
70. Le 26 mai 2011, l'Olympique lyonnais remportait la Ligue des champions féminine : « Elles l'ont fait », France3.fr, 27 mai 2011 (http://rhone-alpes.france3.fr).
71. Sabine Fortino, *op. cit.*
72. Grésy B., *op. cit*.
73. L'exposition « Elles@centrepompidou », qui présentait au public plus de 200 artistes femmes en 2009-2010, a d'ailleurs rencontré un beau succès et prouvé que les femmes artistes existaient bel et bien. Voir à ce propos le site du lycée Jacques-Brel (http://www.jacquesbrel-lacourneuve.fr/index.php?option=com_content&view=article&id=204).
74. Scotto R., « Badminton : des jupettes obligatoires pour faire grimper l'audimat », 20minutes.fr, 21 avril 2011 (http://www.20minutes.fr).
75. VanKeer E., Bogaert J., Trbovic N., *Could the right man for the job be a woman? How women differ from men as leaders*, Hudson, 2008. Les profils de 152 femmes et 439 hommes ont été examinés (http://hudson.com).
76. Bourdieu P., 1998, *op. cit.*, p. 73.

## Notes de la partie 3

1. Pierre Bourdieu, *La Domination masculine*, Seuil, 1998, p. 39.
2. Orse, *Pratiques d'égalité professionnelle en entreprises*, mars 2009. Voir notamment la fiche 20, « Les dirigeants et hauts potentiels », et la fiche 21, « La valorisation des réseaux de femmes et la promotion de la mixité » (http://www.egaliteprofessionnelle.org).

3. « Les pratiques destinées à favoriser la mixité des équipes dirigeantes. Regards croisés hommes/femmes », Enquête GEF-Ipsos, septembre 2009 (http://www.grandesecolesaufeminin.fr).
4. Grésy B., « Rapport préparatoire à la concertation avec les partenaires sociaux sur l'égalité professionnelle entre les femmes et les hommes », Igas, juillet 2009, p. 90
5. Baudelot C. et Establet R., « La moindre confiance en soi des filles et la surestimation de soi des garçons nous frappent », *Le Monde*, 8 septembre 2009.
6. Matlin M. W., *Psychologies des femmes*, trad. par W. M. Pullin, De Boeck, coll. « Ouvertures psychologiques », 2007, p. 189.
7. Eliot L., « La vérité sur les filles et les garçons », *L'Essentiel. Cerveau & Psycho,* « Cerveau Homme/Femme, Quelles différences ? », n° 5, février-avril 2011, p. 42.
8. Christian Baudelot, Roger Establet, *Allez les filles, une révolution silencieuse,* Le Seuil 1992, mise à jour 2006.
9. « Mixité ne rime pas avec égalité », interview de Sabine Fortino par Caroline Flepp, egalité-infos.fr, 28 juin 2011.
10. Matlin M. W., *op. cit.*, p. 190.
11. *Ibid.*, p. 191.
12. *Ibid.*, p. 189.
13. Ben-Zeev T. *et al* , « Arousal Stereotype Threat », *Journal of experimental social psychology*, vol. 41, n° 2, 2005, p. 74.
14. Jacqué P., « Les filles brillent en classe, les garçons aux concours », *Le Monde*, 7 septembre 2009.
15. Sur le site « Vie de meuf », des lectrices et quelques lecteurs racontent chaque jour des anecdotes sur ce thème (http://viedemeuf.blogspot.com).
16. Matlin M. W., *op. cit.*, p. 80 et 193.
17. Sheryl Sandberg, « Why we Have too Few Women Leaders », conférence TED, décembre 2010 (http://www.ted.com).
18. Rappelons le prix « macho d'or » décerné à Louis Nicollin, président du club de football de Montpellier par les Chiennes de garde en 2010 pour cette phrase : « On peut se parler, se dire les choses. On est des hommes, pas des gonzesses. »
19. Matlin M. W., *op. cit.*, p. 80
20. Frankel L. P., *Ces filles sympas qui sabotent leur carrière*, Pearson, 2008.
21. Desvaux G., Devillard-Hoellinger S. et Baumgarten P., *Women Matter, la mixité levier de performance de l'entreprise*, McKinsey and Company, 2007 (http://www.mckinsey.com).
22. Lombart M. (présenté par), « Rapport sur les concours externe, concours interne, troisième concours », ENA, 2008, p. 6 (http://www.ena.fr).

23. 19. Lors du 4e Women's Forum for Economy and Sociéty, rencontre annuelle à Deauville de femmes dirigeantes en provenance du monde entier, Isabelle Germain titrait dans *La Tribune* du 10 novembre 2008: « L'hyperféminité devient un symbole du pouvoir des femmes », précisant : « En fin de semaine dernière sur les planches de Deauville les talons se portaient hauts, les jupes courtes, les sacs tendance, et les blousons de cuir ou grands manteaux colorés étaient de sortie. »
24. Geary D.C., *Hommes, femmes l'évolution des différences sexuelles humaines*, trad. par P. Gouillou, De Boeck, 2003, p. 265.
25. *Ibid.*, p. 267.
26. Christian Baudelot, Roger Establet, *op. cit.*
27. Exemples cités par Carol Gilligan, *Une voix différente. Pour une éthique du care*, Flammarion, collection « Champs essais », 1986.
28. Geary D.C., *Ibid.*, p. 282 et *sq*.
29. *Ibid.*
30. Gilligan C., *op.cit.*, p. 24
31. Marie Bécotte, citée *in* Payeur S., « Représentation féminine dans la hiérarchie organisationnelle, La perception des femmes face au pouvoir freine leur ascension », université de Sherbrooke, 12 mai 2011 (http://www.usherbrooke.ca).
32. Geary D.C., *op. cit.*, p. 199.
33. Matlin M. W., *op. cit.*, p. 228.
34. L'une de mes amies en a fait un slogan qui a le mérite d'être clair : « La courbe du moindre emmerdement ne passera pas par moi. »
35. Bradley Heflin J., Newman C., O'Brien K., Ybarra B., « If You Want To Be The Boss, Don't Act Like A Secretary », Forbes.com, 27 octobre 2010 (http://www.forbes.com).
36. Quéruel N., « Les femmes restent tenues à l'écart de la sélection des "meilleurs" », *Le Monde Économie*, 15 juin 2009.
37. Philippe Roy, « Les conduites à risques sont surtout masculines. Quatre hommes pour une femme », *Le quotidien du médecin*, 19 juin 2008.
38. « 150 petites expériences de psychologie. Les femmes sont-elles de meilleures conductrices que les hommes ? Différence de genre et sécurité routière », Dunod, 2008.
39. Schmid Mast M., « Pour la première fois, une étude démontre les liens entre excès de vitesse et machisme », université de Neuchatel, 29 octobre 2007 (http://www2.unine.ch).
40. Kauffmann S., Kahn A., « Christine Lagarde prône la discrimination positive en entreprise », *Le Monde*, 13 octobre 2010 (http://www.lemonde.fr).

41. Voir à ce propos l'article suivant : Schmouker O., « Les femmes ont-elles aussi le goût du risque? », Les affaires.com, 10 juin 2011 (http://www.lesaffaires.com)
42. Desvaux G., Devillard-Hoellinger S. et Baumgarten P., *op.cit.*
43. Richard B., « Générosité féminine, égoïsme masculin », *Sciences humaines*, n° 185, août-septembre 2007.
44. Gilligan C., *op. cit.*
45. Le *care* ne doit pas seulement ici être compris comme la sollicitude envers les autres, mais bien comme l'action et donc le travail que recouvre le fait de s'occuper concrètement des autres. Ce travail est en très grande partie dévolu aux femmes
46. Sondage Ifop réalisé pour Europe Écologie, Les Verts, « Les Français et le nucléaire », 17 mars 2011.
47. « La situation des enfants dans le monde 2007. Femmes et enfants. Le double dividende de l'égalité des sexes », rapport Unicef, décembre 2006, p. 50.

## Notes de la conclusion

1. Grésy B., *Petit traité contre le sexisme ordinaire*, Albin Michel, 2009.
2. Journet N., « Le goût du risqué est-il sexué ? », *Sciences humaines*, n° 193, mai 2008 (http://www.scienceshumaines.com).

Dépôt légal : septembre 2011
IMPRIMÉ EN FRANCE

PEFC/10-31-2008

Achevé d'imprimer le 12 septembre 2011
sur les presses de l'imprimerie « La Source d'Or »
63039 CLERMONT-FERRAND
Imprimeur n° 10684